ダイエットが上手くいかないのは、あなたのせいじゃない

―HSPや繊細な人たちのための「脳からやせる」ダイエット―

長沼睦雄（十勝むつみのクリニック院長・HSP臨床医）
工藤孝文（みやま市工藤内科院長・ダイエット専門医）

笠倉出版社

はじめに

今回は、小児精神科医であり、日本では数少ないＨＳＰの臨床医として活躍されている長沼睦雄先生とのスペシャルな対談が実現しました。

私は、長沼先生にお会いできるのをとても楽しみにしていました。ですから、本来であれば福岡県にいる私が長沼先生のクリニックのある北海道帯広市まで飛んでいきたいところだったのですが、昨今のＣＯＶＩＤ-19（新型コロナウイルス）感染症拡大の問題があったため、福岡と北海道、そして編集部のある東京の３地点を結んだリモートによる対談となりました。

対談では、人の脳と神経、心と身体、感情と行動などについて改めて考えさせられる刺激的なお話ができました。

本書は、その対談の内容を含め、長沼先生と私、工藤孝文の共著という形でＨＳＰ（ハイリー・センシティブ・パーソン）とダイエット、そして脳の関係について執筆したものです。

「ダイエットをしたいのだけれど、何から始めたらいいのか分からない」

「ダイエットは何度もチャレンジしているけれど、いつもうまくいかなくて……」

そんな方も多いと思います。

では、ダイエットの最大の敵は何だと思いますか？

おいしいご飯やお肉、甘いスイーツでしょうか？

それとも、なかなか減ってくれない脂肪やぜい肉でしょうか？

実は、ダイエットの最大の敵は自分自身です。もっというなら、自分が自分に対して感じている「自己否定」や「自己嫌悪」の感情です。

やせられないのは自分の意志が弱いせいではなく、自分に対するネガティブな思い込みや抑圧が大きな原因なのです。

私はこれまで、やせたい人、生活習慣病で治療が必要な人など10万人以上の方々を診てきました。そうした経験からいえるのは、自己嫌悪に陥っていると、いくら努力しても、頑張っても、自分が望む結果はなかなか得られないということです。

「自分はダメな人間だ」

「何をやってもうまくいかない」

「どうせ自分なんか……」

そうした思いを抱えていると、あなたの心はストレスで満たされていきます。すると、脳の中ではある変化が起きます。

ストレスを感じると、脳の中ではストレスホルモンと呼ばれる物質が放出されるのですが、それは脳や身体、心にとっては不快なことなので、あなたの脳は「幸せホルモン」と呼ばれる物質を出そうとします。

では、その幸せホルモンはどうすれば出るのかといえば、その1つが食べることです。

食べることで、あなたの脳は一時的に幸せホルモンで満たされるので、食べたくてしょうがなくなり、また食べてしまいます。

しかし、心は満たされません。そこでまた、自己嫌悪を感じてしまい……という負のスパイラルが始まり、繰り返されることになります。

つまり、なかなかやせられない大きな原因は脳にある、というのが私の考えです。

そして、こうした自己嫌悪のサイクルは、実はある人たちの中でも繰り返されています。

そう、ＨＳＰの気質を持った人たちです。

最近は、ＨＳＰという言葉を目にしたり、耳にする機会も増えているので、「敏感すぎる」「繊細すぎる」気質の人たちのことだと知っている方もいらっしゃるでしょう。

また、「自分もＨＳＰなのではないか？」と感じている方もいらっしゃるのではないかと思います。

長沼先生のお話では、ＨＳＰの人たちは繊細で敏感すぎるがゆえに、自己嫌悪を感じやすく、自分を抑圧してしまう傾向が強いといいます。

しかし、ネガティブな感情にとらわれてしまうのは自分の心が弱いからではなく、生まれ持ったＨＳＰ気質の影響も大きいとおっしゃいます。

では、ＨＳＰ気質にはどういった特徴があるのか？

そうした自分と、どのように付き合っていけばいいのか？
そして、心と体と脳はそれぞれが別個のものではなく、とても密接につながり、かかわり合いながら存在し、あなたを形作っているということについても、お話ししていただいています。

さらに、ダイエットについては、私がこれまで99・2％の方々を成功に導いてきたメソッドの中から、特にＨＳＰ気質の方に有効と思うものについて、食事や行動の面からご紹介しています。

本書が、ダイエットに悩んでいる方、ＨＳＰ気質で苦しんでいる方の心のよりどころとなる「水先案内人」のような存在になることを願っています。

2021年3月1日　工藤孝文

〈目次〉

第3章 HSPさんは「脳」でやせ、自由な身体を手に入れよう……工藤孝文 101

第1章 スペシャル対談

HSP臨床医
長沼睦雄

ダイエット専門医
工藤孝文

自分がHSPだと分かり始めた敏感で繊細すぎる人たち

工藤　今日は、長沼先生とお会いできるのを楽しみにしていました。というのは、私のクリニックではダイエット外来も行っているので、日々「やせたい」患者さんと接しているのですが、多くの患者さんにＨＳＰ気質の傾向があるように感じるからなのです。実際、長沼先生の著作を読んで自分がＨＳＰだと分かったという人も増えていると思いますし、この数年、日本でも社会的な認知度が上がってきているのではないでしょうか。

長沼　敏感で、繊細すぎるために生きづらさを抱えながら、「自分はなぜ、こんなに疲れるのか」「なぜ、自己嫌悪の苦しさから抜け出すことができないのか」と感

私はHSS型HSPに当てはまる感じがします

じてきた人が、自分にはＨＳＰ気質があり、それが原因だと分かり始めてきました。そういう人が増えてきたのは、とてもいいことだと思います。

工藤　私も長沼先生の著作を何冊か読ませていただいたのですが、自分をチェックしてみると、敏感さや抑圧性と同時に社交的で刺激を求める外向性をあわせ持つＨＳＳ型ＨＳＰ（Ｐ89参照）に当てはまる感じがします。「そうそう、分かる！」という部分もたくさんあります。

長沼　特にＨＳＳ型ＨＳＰの場合、外では活発、活動的で別の側面を見せる人なので、ナイーブさが内側に隠れてしまいますね。

工藤　周囲の人からは、実は私が内向的でデリケートな面もあるようには見えないと言われますが（笑）。

長沼　私も若いころからスポーツに熱中していたタイプだったので、敏感でいつも不安や抑圧を抱えていたとは周囲の人はあまり感じなかったと思います。でも、子どものころから敏感さ、繊細さを抱えて生きてきました。だからこそ、苦しんでいる子どもたちの内面が分かる。それで、児童精神科医の道に進んだのです。敏感すぎる子どもたちの精神症状や身体症状では摂食障害の問題も見られますね。ちなみに、子どもの場合は、ＨＳＣ（ハイリー・センシティブ・チャイルド）といいます。

工藤　そもそもＨＳＰは、どういうものなのか分かりにくい、という声も聞きます。どのようにとらえたらいいのでしょうか？

長沼　まず理解しておいていただきたいのは、ＨＳＰは病気ではないということ。そして、性格ではなく気質だということです。持って生まれた、とても敏感で繊細すぎる気質のために子どものころから形作られてきた性格があり、その性格から思考や行動のパターンが生まれます。例えば、周囲の目を気にしすぎてしまうとか、失敗をいつまでも引きずってくよくよしてしまう、自己嫌悪に陥りがち、人間関係が苦手というようにです。そうして大きな不安を感じ、自分を抑圧して過度のストレスにさらされ続けた結果として、気分変調症、不安症、強迫症、解離症、自律神経失調症、慢性疲労症候群など、さまざまな精神症状や身体症状が現れたり、過食

HSPは医学的概念ではないので客観的に診断できない

や自傷、ギャンブルや買い物、ゲーム、スマホ、インターネットへの依存などの嗜《し》癖《へき》行動（注1）が出てくる場合があるわけです。ですから、そうした症状や行動がそのままイコールＨＳＰではない、ということです。

工藤　まだまだ誤解されている部分がありますよね。ＨＳＰは病気や障害ではないということは、しっかり認識しておくべきですね。もちろん、ダイエットに関しても、ＨＳＰの人が太ってしまうというわけではなく、太っている人がＨＳＰだということでもありません。

長沼　ＨＳＰの人は、なかなか周囲の人から理解してもらえないという苦しさを味わっている人が多いですね。実は、ＨＳＰは医学的な概念ではなく、心理学的な概念なのです。ですから、これまでの医学の診断基準のように客観的に見て、こうし

（注1）嗜癖行動／自身にとってネガティブな結果を招くにもかかわらず、特定のもの・行為・関係に強迫的に依存している状態を医学的に「嗜癖行動」という。嗜癖の対象が、アルコール、薬物などの物質の場合、「物質依存」となる。

た行動、症状があるとＨＳＰだと診断できる、という明確なものがないのです。そうしたことも、ＨＳＰが理解されにくい原因の1つだと思います。

工藤　では、実際の診療では、どのようにＨＳＰの診断を行うのでしょうか？

長沼　私のクリニックでは、Ｐ70からのＨＳＰセルフチェックテストに加え、特別に作成したチェックテストを使用します。これは、「十勝むつみのクリニック」のウェブサイト（＊）からも見ることができます。患者さんに書いてもらったチェックテストを見ていくと、ほぼ判断がつきますが、その他にもボイススキャンという声紋分析や身体のエネルギー測定も行って患者さんの感覚特性や感情状態を詳しく調べていきます。ちなみに、声紋分析では視覚、聴覚、触覚、味覚、嗅覚のうち、どの感覚を優位に使っているか、また現実的に使っているか、潜在的に使っているかが分かります。つまり、感覚という目に見えないものを測定することができるわけです。

工藤　それほど詳しく診ていくとは知りませんでした。私は、思考と感覚は同時に両立できるものではないと思っています。感覚を研ぎ澄ませていくと思考はできな

＊ http://mutsumino.info

くなるので。ですから、感覚そのものを測定するというのは、とても興味深いですね。

長沼　ただ、これも理解しておいていただきたいのですが、ＨＳＰ気質は基本的に外からだけでは診断できないということ。つまり、感覚は主観的なものなので外から行動だけ見ても分からないということです。実際、本人の主観的な体験をチェックせずに、周囲の人がＨＳＰ度を判断することはできないはずです。ただし、ＨＳＰ気質の結果として現れたさまざまな精神症状や身体症状で苦しんでいるときは、先ほどお話ししたチェックテストなどを使いながら医学的にも診断し、治療していく必要もあるということです。

ＨＳＰの人が持つさまざまな特性とは？

工藤　長沼先生のＨＳＰセルフチェックテストは20以上の項目がありますが、「多少当てはまる」を含めれば、多くの人に当てはまるのではないかと感じる項目もありますよね。

長沼　ＨＳＰの提唱者であるアメリカの心理学者、エレイン・Ｎ・アーロン博士も子どものころから敏感な性質で、ご自身がさまざまな生きづらさを抱えていたことから研究を始めたといいます。そこで、サンフランシスコのユング研究所で深層心理学を学び、脳科学の最新の知識を取り入れながら、感覚反応性という独自の視点に立って20年にわたり研究を続けました。その集大成として、１９９６年に『The

HSPをポジティブにするかネガティブにするかは自分次第

Highly Sensitive Person（ＨＳＰ）』を出版しました。近年、日本ではメディアを中心に、「敏感すぎる人」とか「繊細さん」などとも呼ばれています。なお、民族や国籍、性別や年齢、障害の有無などの違いに関係なく、人口の15～20％がＨＳＰの気質を持っていると考えられています。割合からすると特殊とまではいえませんが、マイノリティだといえるでしょう。

工藤　ＨＳＰ気質の人に共通する特徴として、例えばマイナス面では、刺激に敏感すぎる、疲れやすい、自己否定の傾向が強い、人の影響を受けやすい、人付き合いが苦手、嫌と言えない、などが挙げられていますね。

長沼　先ほど、感覚反応性というお話をしましたが、アーロン博士は、ＨＳＰは「ＤＯＥＳ（ダズ）」と呼ばれる４つの特性をすべて持つと定義しています。これは、**D**epth of processing（処理の深さ）、**O**verstimulated（刺激を受けやすい）、**E**motional reactivity and high Empathy（感情的反応性・高度な共感性）、**S**ensitivity to Subtle stimuli（些細な刺激に対する感受性）の頭文字をとったもので

す。言い換えると、「物事を深く考える」、「刺激に敏感に反応する」、「他者への共感力が強い」、「繊細な感性を持つ」と言ってもいいと思います。ＨＳＰの特性を自分自身がどう活かすかによって、ＨＳＰ気質をポジティブなものにもネガティブなものにもしていくことができるのです。

工藤　そもそも、西洋医学の画像や数値などから診断できるものではないのだから、ＨＳＰは病気ではないし、ネガティブにとらえる必要はないということですよね。

長沼　客観的に説明し、外から診て判断するという従来の医学では定義できないのが、Ｈ

ＳＰの世界です。同じものを見たり、嗅いだり、食べたりしても、人それぞれが感じることは、違う部分がたくさんある。それが、感覚や感受性ですよね。例えば、レストランで肉料理を食べたときに、多くの人が「ジューシーでおいしい」とだけ感じるのに対して、ＨＳＰの中には、「おいしい」だけでなく、それ以上に、どういった香辛料を使っていて、それは何種類で、焼き方はどうで、店の雰囲気が……と、いろいろなことを無意識に感じてしまう人がいます。以前に食べたときとは味が違っているけどそれはなぜなのか、自分の味覚がおかしいのか、などと深く反応してしまい、リラックスして食事が楽しめないという人もいます。

工藤　料理人や研究者であれば強みになるでしょうが、あれこれ感じて、反応してしまうのでは疲れてしまいますね。それに、自分が感じていることをそのまま周囲の人に言ったら変に思われたり、驚かれたり、作った人に失礼になりはしないかと感じて思ったことも言えず、またストレスを溜めてしまうというＨＳＰの人も多いのでしょう。

長沼　そうした感受性を本人が認めて周囲に説明できれば、また周囲の人がＨＳＰだと知って受け容れてくれればいいのですが、多くの人は気にならないようなことまで感じて、こだわっていると、確かに周りからは「敏感すぎる人」と思われてしまうこともあるでしょう。

工藤　楽しかったはずの食事会や飲み会なのに、「何かイヤだな」と感じたことがあったり、「あんなこと言わなければよかった」などと思うと、楽しかったことよりもイヤだったことにとらわれてしまって、思い出すたびに延々と後悔したり、自己嫌悪になってしまったり。悪循環ですね。

長沼　また、ＨＳＰの３分の１くらいの人が持つ特性として、第六感、シックスセンスと呼ばれるような特別な感覚があります。あるＨＳＰの人は、料理を食べた瞬間に、それを作ったシェフがどういう人なのか、会ってもいないのに、イメージが浮かんでくると言っていました。

工藤　それは不思議ですね。

長沼　それを周囲の人に言っても、「また適当なことを言って」などと返されてしまったり、不思議なことを言う変な人だというレッテルを貼られてしまう。でも、実際にシェフに会ってみると、言ったとおりのタイプの人だったりするのだそうです。また、お店の中に入ると、お客さんやスタッフの会話や態度、その感情まで入ってきてしまい、耐えきれなくなってしまうＨＳＰの人もいます。つまり、感覚の情報処理能力が通常の人とは違い、高感度で高範囲なために、多くの人は感じないことまで深く感じてしまうわけです。

現代社会はHSPの人に生きづらい社会ともいえる

工藤　予感や直感というのは、大なり小なり誰にでもあることだとも思うのですが、数値などで証拠を示せないからこそ、日常生活の中で特にＨＳＰの人は苦しい、つらい思いをしているともいえますね。科学や医学の世界ではエビデンス（根拠・証拠）が重要ですし、ビジネスの世界でも求められるものですから。

長沼　例えば、交通事故にあって後遺症が残った場合、被害者の方は慰謝料を受け取ることができますが、慰謝料額の計算には相場の基準が設定されています。なぜかというと、慰謝料は被害者の方の精神的、肉体的苦痛に対して支払われるものですが、どのくらい精神的につらいのか、どの程度の痛みがあるのかといった感覚は人によって違うので、具体的に数値で表せないからです。そのため実務上、計算しやすいように金額の基準があらかじめ決められているわけです。感覚をはじめ、実は数字で計れないものがこの世界にはたくさんあるのに、管理しやすいように均一化、平均化しようとしてきたのが現代社会の１つの側面かもしれません。そういう意味では、現代社会はＨＳＰの人には生きづらい社会ともいえるでしょう。

工藤　人間関係でいえば、特に日本は周囲の人と同じであることを善しとする、同調圧力が強い社会ですよね。学校でも人と違うことはよくないと暗に教えられたり、出る杭は打たれるとか、忖度《そんたく》という言葉は息苦しいですね。だから、若い人の中には「学校では『場を乱すな、空気を読め』と言われ、社会人になったら『個性を出してグローバルに通用する人材になれ』と言われ、どうすればいいんだ……」と悩んでいる人もいるようです。

長沼　ＨＳＰが背景にあって起きてくる、さまざまな精神症状や身体症状の部分は、養生することで改善していくことができます。しかしＨＳＰの気質自体は、自分の生まれ持った特性として生涯変わらないものです。ですから、自分なりにどう納得し、折り合いをつけていくかが大切です。誰かに決めてもらわなくても、人に分かってもらえなくても、自分にはＨＳＰの気質があることを知ったなら、それと向き合い、どう付き合っていくのか。周囲の人に合わせるのではなく、自分で決めて、自分の人生を生きていくことが大切だと思います。ＨＳＰには、ほかにはない素晴らしい特性や能力がたくさんあるのですから。

「自分で決めて 自分で生きる」という キャッチコピーを掲げています

工藤 人の気持ちがよく分かる、ひらめきが強い、創造性が豊か、情報収集能力が高い、探究心が強い、といった強みがあるといわれますね。誰しも自分の長所を最大限に活かしていくことで、自分が思う人生に近づいていくことができるのだと思います。

長沼 私のクリニックのパンフレットやホームページには、「自分で決めて 自分で生きる」というキャッチコピーを掲げています。これは、私からＨＳＰや精神的に苦しんでいる人たちへ、もっとも伝えたいメッセージです。自分の思うように生きることが「わがままなこと」であるとするなら、それは「あるがままに自由に生きること」だと思えばいい。人の目や反応を気にして、それを「自分勝手なこと」などと思わなくていいのではないでしょうか。

工藤 なるほど……なんだか、私も気持ちが楽になってきました。

「自分を見える化」し、脳と身体をつなげる

長沼　なぜ、工藤先生はダイエット外来を始めたのですか？

工藤　そもそも、私が医師になった理由は、子どものころに見た救急救命医に憧れたからでした。大学の医学部を卒業後、新米医師として、私は福岡市内の救急病院で勤務し始めたのですが、そこは年間に５０００件以上も救急車搬入があるようなところでした。とても充実していたのですが、そのうち私の志向は「未病」に向かっていきました。というのは、命を取り留めても、その後に寝たきりや車いすの生活になってしまう患者さんが多かったからです。そうなってしまう前に、病気を未然に予防することこそ重要だと気づいたのです。

過食で92kgまで増え、罪悪感と自己嫌悪を繰り返していました

長沼　だるさや痛みなど何かしら身体の不調を感じているのに、西洋医学的には異常が認められないような、「健康とはいえないが、病気ともいえない」状態を東洋医学的には未病といいますね。

工藤　その後、大学病院などで高血圧や糖尿病、動脈硬化などの生活習慣病の診療を行っていく中で、患者さんのダイエットにも取り組むようになっていきました。実は私自身、大学病院の勤務医時代は過食の影響もあって最高で92kgまで体重が増えた時期がありました。仕事が忙しく、ストレスが溜まってきたりするとコンビニに行って、あれこれ買っては食べて、そして罪悪感と自己嫌悪。そんなことを繰り返していました。そこで自分を実験台にしてダイエットを行い、67kgまでやせることに成功したのです。

長沼　25kgの減量の経験ですか、それはすごい。だからこそ、工藤先生は患者さんの気持ちが分かるのでしょうね。ところで、工藤先生のダイエット外来では、どのような治療をされているのですか？

私は行動療法の指導から始めます

工藤　減量を必要とする肥満症の治療には3本の柱があります。①「食事療法」、②「運動療法」、③「行動療法」(注2)です。やせるためには食事と運動の改善をしなければいけないことは、ほとんどの人が分かっています。でも、それができないのが問題なので、私はまず食事と運動の指導はせずに、行動療法の指導から始めます。肥満に対する本人の認識のズレや食行動の歪み、例えば日中の食事には気を使っているのに夜に過食してしまうといったようなことなどに気づかせてあげて、それから食事療法と運動療法に進んでいくようにしています。そのために、自分の体重の変動グラフをつけてもらい、「どういったきっかけで過食をしてしまうのか」などの自己分析をしながら日記を書いてもらいます。これを「体重グラフ日記」(P110参照)と呼んでいます。

(注2)行動療法/認知行動療法ともいう。ある状況を、その人がどうとらえ認知するかが、その人の行動に影響を及ぼすという点に注目した心理療法。うつ病やパニック障害などに対する治療効果が認められている。認知=考え方を変えることによって行動を変え、問題の解決を目指していく。

長沼　ダイエット外来には、どのような人が来るのですか？

工藤　私は、太っていても「やせたい」と思っていない人は治療しません。ぽっちゃりが売りで、魅力のある芸能人は太っていても健全ですよね。問題なのは、「やせたい、でも食べたい、食べずにはいられない、でもやせたい」という人。心身のバランスが整っていないんですね。

長沼　HSP気質の人の大きな特徴は、「自分を抑圧すること」と「自己嫌悪に陥りやすいこと」です。ですから、もっとも大切なことは、安心・安全な場を確保して、「やせたい」という願望の裏にある「本当は（愛を）食べたい」という本音を出す、解放してあげることです。

工藤　心に悩みがあり苦しいと、自分の心の解放ではなく、食べてごまかすことに向かっていってしまう。それが「肥満」になる原因だと思います。

長沼　患者さんは、日記にどんなことを書いたりしますか？

工藤　自分を制御できず、過食した後に自己嫌悪に陥ると、不思議なもので患者さ

過食してしまっても自己嫌悪になってはだめ！

んは翌日も過食になります。ある日の患者さんの日記に、「食べすぎた、ガビーン……」と書いてあって、すると、翌日の日記にも「今日も食べすぎた……」と書いているのです。でも、「食べすぎたけど、いいストレス発散になった」とか、「明日から、また頑張ろう！」といった前向きなコメントを書くことができると、翌日は過食にならないのです。

長沼　とにかくＨＳＰの人は正義感や責任感が強く、自責感や罪悪感、さまざまな恐怖心などに支配され、小さいときから自己否定の塊として育つ人が多いです。自分も他人も信頼できず心の扉を閉ざしているので、心の中は闇で満たされ、不安なものでいっぱいになっています。濁った瓮《かめ》の水は、時間が経てば不純物は底に沈んで落ち着き、水は澄んでいきます。自分の心と頭の中も同じで、少し時間を置いて休ませておくことで、おだやかで冷静になっていきます。

工藤　日々、日記を書いていくことで、患者さんたちは、「なぜ体重が減らないのか」、「自分にはどういった食傾向があるのか」、「どういうときに食べすぎてしまうのか」

といったことについて徐々に気づいていきます。例えば、夜勤をした後に過食になるとか、毎週水曜日に会社でプレゼンテーションがあるので火曜日になると過食をしてしまうとか。「体重グラフ日記」をつけることは、「自分を見える化」する作業でもあるわけです。やはり、ダイエット成功のキーポイントは、過食になる原因やきっかけに「自分で気づいてもらう」ことです。ですから、「体重グラフ日記」をつけることは、「マインドフルネス」(注3)と同じ効果があるともいえます。結果に一喜一憂せず、今のありのままの自分を客観的に見ることができるようにしていくので。

長沼　セルフチェックテストにチェックしてもらうことも同じ効果があります。患者さんは自分を振り返り、自分を点検して、自分を認めていくことで頭と心が整理されていきます。本人がチェックしながら気がついていくのです。もちろんセルフチェックには、そうあってほしくはないという無意識のバイアスがかかります。でもそれなりに「あれ、自分にはこんな症状や傾向があったのか……」と気づけることがとても大切なのです。それをきっかけに少しずつ自分にあるさまざまな性質に意識が向けば、将来に同じようなことがあったとしても、「少し意識をそらしてみれば、自分は落ち着ける」、「こう考えれば、物事はうまく流れていく」と分かっていきますから、それに向けて動くようになっていきます。

工藤　心身が整っていない状態というのは、心と身体と頭がつながっていない、ズレているということですね。

長沼　脳という観点から見ると、過食や拒食は、脳と身体感覚がつながっていない、ズレていることで起きるといえますね。ですから、脳と身体をつなげるためにはマインドフルネスも有効だと思います。

（注３）マインドフルネス／判断や評価をすることなく、今、この瞬間の自分の精神状態だけに意識・注意を向けることによって、気づきを得ること。そのために行う瞑想によって、海馬や前頭前野が活性化したという研究結果がある。

脳内ホルモンがダイエットの重要ポイント

長沼　工藤先生は、東洋医学的なアプローチもされていますね。

工藤　患者さんによっては、漢方薬の処方もします（P158参照）。肥満症の治療に有効な「防風通聖散《ぼうふうつうしょうさん》」も処方しますが、まずはその前にメンタルに効果のある漢方を処方します。怒りやイライラ、気分の落ち込み、神経症や不眠症、更年期障害や子どもの神経過敏などにも効果のある「抑肝散《よくかんさん》」や「柴苓湯《さいれいとう》」、「柴胡加竜骨牡蛎湯《さいこかりゅうこつぼれいとう》」などです。それから、「加味帰脾湯《かみきひとう》」で睡眠を整え、精神を安定させます。実は、眠れないとダイエットは絶対に成功しないのです。

長沼　それはどうしてなんでしょうか。

工藤　睡眠をとると脳内で成長ホルモンが分泌され、1日の活動で傷ついた細胞が修復されていきます。同時に、睡眠中は体内で脂肪の代謝が行われるため、体重も減るわけです。ここでかかわってくるのが「グレリン」と「レプチン」という脳内ホルモンです。グレリンは「食欲ホルモン」とも呼ばれるように、分泌されると食欲が湧いてきます。実はこのグレリン、睡眠時間が短いと分泌量が増えてしまうのです。一方、食欲を抑えるホルモンであるレプチンは睡眠不足だと分泌量が少なくなってしまうという実験結果があります。

長沼　私も未病の患者さんには、できるだけまず漢方薬を使います。ホメオスタシス（生体の恒常性）が乱れた状態の脳と心と身体を整えるためには、まず生活を整えることが大切です。漢方薬をうまく使いながら、栄養バランスの取れた規則正しい食事や運動、生活習慣の指導も行っています。

工藤　脳内ホルモンでは、「セロトニン」や「ドーパミン」もダイエットではとても重要です。肥満症の本質は脳内ホルモンであるセロトニンやドーパミンの不足で

す。セロトニンは「幸せホルモン」とも呼ばれるように、不足すると不安や心配、イライラ、気分の落ち込みなどが湧き起こり、強くなってくるので、それを解消するためにまた食べることになります。ドーパミンは、意欲、運動、快楽など、やる気をつかさどっています。例えば、甘いものを食べると脳内でセロトニンやドーパミンが放出されますが、これらが不足してくると脳はこれらの神経物質を欲しがるので食欲が湧いてきます。そこでまた食べると、脳内ではセロトニンやドーパミンが放出されるので一時的には満たされます。しかし、また不足してくると食べたくなってきます。そうした繰り返しで過食になっていく。脳が求める「負のスパイラル」ですね。

長沼　工藤先生の著書を読ませていただきましたが、脳と身体のやりとりに着目しているのは大切な科学的視点ですね。

工藤　これまで私は10万人以上の患者さんを治療してきましたが、ダイエット外来で診療していると、食事法やダイエット法について勘違いされている人がとても多

脳が求める「負のスパイラル」で過食になる！

いことが分かります。ダイエットをするために急に食事を減らしたり、運動を始めても、多くの人はすぐに挫折してしまいます。それを、ほとんどの人は「自分の意志が弱いから失敗してしまうのだ」と口を揃えるように言います。そして、自己嫌悪になっていくのですが、これはダイエットの大敵です。「やせたい」という自分の意志が大切なのは当然ですが、意志の力だけでは難しい場合もあります。脳内ホルモンが人の行動に大きな影響を与えているのですから、自己嫌悪にならないように、まずは心を整えながら、セロトニンやドーパミンなどを増やす食事や運動、行動を実行していくことでダイエットを成功させることができるのです。

長沼　脳内ホルモンが大きく関係してくるのは、ＨＳＰの場合も同じです。

最近になり、過敏性の原因が、慢性的なストレスによる身体や脳内の炎症にあると考えられるようになってきました。そしてその改善方法は、精神療法や西洋薬などで治すというよりは、心身ともに健康な生活をすることにあると思っています。ストレスになるものは、労働や運動以外にも、精神的な負担、過去の記憶のフラッシュバック、感染症、癌や腫瘍、生活習慣病における慢性炎症などさまざまです。

身体にどれだけエネルギーが必要なのかは、身体感覚の神経回路を通じて、脳と身体とでやりとりされながら見積もられます。必要なエネルギーは、食べる・飲む・眠ることで補われますが、親しい人とリラックスすることによって、エネルギーの消費は減らすことができます。慢性的なストレスによって脳に炎症が起こると、脳は身体の状況に鈍くなってしまいます。さらに身体エネルギーを過剰に消費させ、身体を消耗させます。そのために身体の疲労や疲労感が生じるのです。

活動性が異常に高くなってしまい止まらない状態を活動性ストレス状態といいますが、脳内のノルアドレナリン放出により、まるでブレーキの壊れた車のような感じで活動します。ただひたすら動いているうちに、食事も満足にとれない状態となり、ついには慢性疲労状態になってしまいます。このような慢性疲労の予防には、十分な休養をとること、バランスのいい食事を規則正しくとること、十分な睡眠を確保することなどが大切です。

　また身体には「神経系」「内分泌系」「免疫系」が相互に働くことよって、体内環境を一定の状態に保とうとする「ホメオスタシス」という機能があります。異物が侵入したりストレスがかかると、まずは「神経系」が素早く反応して対処し、疲れやストレスが長期化すると「内分泌系」が活躍し、身体の変調に対処できなくなると「免疫系」が活躍します。それぞれの系には、働きが弱すぎれば強め、強すぎれば弱める仕組みや、作用が善玉から悪玉、悪玉から善玉に変化する仕組みが備わっています。そしてそのような人体の不思議で自然な働きを止めてしまうのが、脳と身体の炎症なのです。系相互の連携が断たれてしまうと、脳には誤認識や誤作動が起き、身体感覚のバランスが崩れてくるのです。

工藤　こうした脳の働きやホルモンの分泌、自律神経などは自分の意志ではコントロールできないというのが厄介ですね。

長沼　感情のコントロールというのも、ＨＳＰの人に限らず厄介なものです。隠していた心の傷に触れられ、そのときの感情が噴き出し、それに支配されてしまうと、

咀嚼によってストレスホルモンの
血中濃度が下がります

容易には感情をコントロールできない状態になります。

工藤　例えば、ストレスホルモンの分泌は、咀嚼《そしゃく》による刺激が脳に伝わることによって抑制され、血中濃度が下がることが知られています。以前からいわれているように、食事はよく噛むと太りにくいというのはそのとおりなので、ガムを噛むという行動もダイエットには効果があるわけです。ですから、私の診療では患者さんの心のサポートをしながら、これまでの習慣を変えていく指導をしていきます。「ダイエットができないのは意志が弱いからではなく脳の働きによるものだから、自己嫌悪に陥る必要はない」ということも伝えます。そして、無理な運動や食事制限などではなく、まずは行動から意識を変えていくためにハードルを下げて、できることから続けていき、「やせグセ」をつけていくことが大切だと思います。

長沼　患者さんが自己嫌悪に落ちていかないようにサポートをしていくのは、ＨＳＰの場合も同じです。先にもお話ししたように、ＨＳＰの人にとってもっとも大切なことは、傷つけられない安心安全な場を見つけて、抑圧された心を解放して「自分を出す」ことです。しゃべる、歌う、遊ぶ、運動する、書く、描《えが》く、演じるなどいろいろな出し方がありますが、善し悪しに関係なく、とにかく本人なりの出し方を見つけていくことです。

工藤　アメリカの心理学の祖といわれる、ウィリアム・ジェームズ（注4）の有名な言葉がありますね。

心が変われば行動が変わる
行動が変われば習慣が変わる
習慣が変われば人格が変わる
人格が変われば運命が変わる

長沼　彼は、こんな言葉も残しています。

人間は幸せだから歌うのではない
歌うから幸せになるのだ

（注4）ウィリアム・ジェームズ／1842年生まれの、アメリカを代表する哲学者・心理学者。著書『心理学要論』は心理学の教科書として広まった。「プラグマティズム（物事の真理は実際の経験の結果により判断するという思想）」の第一人者としても著名。

治すのではなく自分を受け容れ抑圧から解放される

工藤 長沼先生は、ＨＳＰの人の診療の際に、ダイエットを指導することはあるのですか？

長沼 ダイエットに関する診療、指導は特にしていません。子どもの場合は摂食障害の診療を行うことはありますが、それはさまざまな症状の中の１つとして現れてきているものですから、本人の性質、親の性質、親子関係、学校のことなど全体を見ながら、深くその子の本質的課題を診ていきます。特に心の問題が身体症状として現れている場合、身体症状をなくしてしまうことは本人にとっては都合が悪いことなので、心理的な抑圧を解放してあげることが重要です。人それぞれ、その背景

HSPの人には「アダルトチルドレン」の人も多いです

にはさまざまなものがありますから。

工藤　解放とは、具体的にはどういうことでしょうか？

長沼　これは後ほど詳しくお話ししたいのですが、身体症状を対症療法的に「軽減しよう」「取り去ろう」というより、「症状を受け容れていく」こと。自分が抱えている心の課題に気づき、「そうなんだ」「そうだったんだ」と善し悪しの判断なく受け容れていくことです。子どもの場合は、まず親御さんにも行っていきます。

工藤　以前、ある女性の患者さんで母親との関係がうまくいっていないという人がいました。子どものころから口うるさく、厳しく育てられたため母親の言うことを聞いてきたけれど、実は自分を抑え込んで、本音を言えずにずっと苦しんできた。親とは距離を置きたいのに、でもなかなか離れられないのだといいます。

長沼　医学的な概念ではないので診断名や病名ではないのですが、「アダルトチルドレン」という心理社会的概念があります。親が本来の、子どもをサポートするという機能を果たせなかった家庭で育ったことから、大人になっても自己評価が低く、周囲からの評価に左右されて極端に不安になる状態のことをいいます。誰にも弱みを見せられず、本音を出せないため、極度の不安から依存を起こしやすい特徴があります。ＨＳＰの人にも多い傾向があります。

工藤　その患者さんは、親や周囲の人からは、手のかからない優等生と思われてきたと言っていました。

長沼　また、親から愛されなかったという思いが強いことで現れる、生きづらさや人間関係の困難などがある場合、「愛着障害」も考えます。愛着とは、医学的には親子の間で結ばれる愛情にもとづく信頼関係のことです。親が何があっても無条件で自分を守ってくれる存在であり、その愛情をしっかり受けることができれば、自分は大切で、かけがえのない存在だと子どもは認識していきます。しかし、幼少期に親から虐待や育児放棄などを受けたりすると愛着が十分に形成されません。すると子どもは自分のことを大事に思う、自己肯定する、ということができなくなります。自分には生きている価値がないと思い込んでしまったり、他者との関係をう

まく築くことができなかったり、自分の感情や行動をコントロールすることができなかったり、ということが起きてくるのです。特にＨＳＰ気質の人は子どものころから敏感で繊細ですから、虐待や育児放棄などの深刻なものではなくても、親が何気なく言った言葉で傷ついてしまったり、親としては差別しているわけではないのに「兄弟姉妹より自分はかわいがられなかった」というような思いから、トラウマを抱えてしまうことがあります。

工藤　親子関係は、もっとも密接で大

嗜癖行動も自己治癒の手段。自己嫌悪にならないで

切なものであるからこそ、とても難しく、根が深い問題になることがありますね。

長沼　親に拒絶されたり、見捨てられたリ、バカにされたり、裏切られたりして心が傷ついても、子どもは自分が悪いと思い、親を守るために自分の本音を抑圧してしまいます。その一方で、再び傷つけられることへの恐れから、子どもは反発したり、逃げたり、すくんだり、固まったりする反応を起こします。この反応パターンが、その後の対人関係の鋳《い》型《がた》となり、同じような現実を引きつけ、繰り返されるのです。

工藤　自分の人生を振り返り、自分を見つめ直すことも大切だと思いますが、どのような部分がポイントになるのでしょうか？

長沼　人は誰もが自分の表の部分と裏の部分をうまく使い分けて生きていきます。しかし、ＨＳＰ気質の人はいろいろな恐怖心（Ｐ71参照）を抱えている上に、抑圧という心のブレーキが強いので、自分を表に出すことがなかなかできません。そのため、表向きはとりあえずうまくやれるのですが、頑張っていい人を演じるほどストレスを内面に溜めていきます。その溜まったものを解消する手段として、攻撃性や精神

症状や身体症状や嗜癖行動に変わって出ていくのだと私は考えています。つまり、表に出てくるさまざまな症状や行動というのは一見、悪いことのように感じますが、実は自分の中に抑圧して、溜め込んでしまっているものを解消するために行っている自己治癒の手段だと考えられます。それは必要なプロセスなのですから、そこで罪悪感にさいなまれたり、自己嫌悪で自分を責めなくてもいいのです。

工藤　さまざまなストレスを自分の中に溜めこんでしまうと心はつらくなってきますから、何らかの方法で外に出さざるを得なくなります。過食も、溜めこんだストレスを解消するための手段として、一時的な快楽、満足感を得るために走ってしまう行動ですね。

長沼　閉ざされた場所で、一方的な力関係の中で、長い間繰り返された子どものころの厳しい体験は、心に大きな傷を残します。不眠や不安、抑うつなどの「ＰＴＳＤ（心的外傷後ストレス障害）」の症状が出てくることがあります。トラウマ反応は、再びそのような傷を受けないための防御反応といえますが、そんな体験が日常的に繰り返された子どもがやがて成長したときのトラウマ反応というものは、より深刻なもので、「複雑性ＰＴＳＤ」として独立した診断基準になりました。それは気分の変化、記憶の消失、生活の混乱、フラッシュバック、慢性疼痛、自殺願望などといった複雑な症状になります。あらゆるものに危険を感じて、自分も他人も信じられなくなり、衝動的に傷つけたりしてしまうのです。意識が途切れたり、さまざまな身体不調をきたしますが、検査をしても異常は見つかりません。

気づいていない自分のトラウマのスイッチを見つけよう

工藤　確かに、これだけ多彩な症状があると、従来の診断法では多数の病名がついてしまいますね。それをひと言で言い表せるようになったということでしょうか。

長沼　はい。子どものときの心の傷が、脳の本来の成長を妨げ、思考や感情、行動や身体の成長を歪めてしまうことが分かっています。医学の診断というのは症状で定義されていますが、症状に現れない未病という概念のように、ＰＴＳＤにおいても、症状に表れて自覚できるレベルにはない、潜在したＰＴＳＤという考え方が出されています。子どもはいつのまにか、場面や状況に合わせた想像上の自分や仲間を心の中につくり上げ、本来の自分をその中に隠すようになってしまいます。親や周囲に左右されない「自分らしさ」を確立できない青年たちが多くなってきています。そうなると、単純でシンプルな症状ではなく、複雑で曖昧な症状を隠し持つ状態になり、自分でも周りからもよく分からない病状になってしまいます。このようなときに役立つのが、さまざまな症状が網羅されているセルフチェックテストによって、自分の中に潜在しているものを見つける作業です。自分の感情や感覚に意識を向け、ありのままチェックし、善し悪しで判断せず、それを認めることができたなら、視野が広がり気持ちが楽になるでしょう。

工藤　「アダルトチルドレン」やＰＴＳＤなどの背景には、自分らしさを持たないといった心の問題が潜在していると考えていいのですね。

自分を責めないで、ありのままに生きる大切さ

長沼　実は今、私はこれまでの西洋医学の治療とは違った東洋医学的な「養生」に取り組んでいるのです。

工藤　どんなものですか？　教えてください。

長沼　1つは、誤解を恐れずに言えば「治そうとしない」ことです。例えば、先ほどお話しした未病の段階でも、これまでは病気あつかいして治そうとしていたものを、自己治療的で健康な反応として、あるいは、今の状態が好ましくないものであることを教えるために自分が出している症状だととらえて、外的な力で治そうとしないということです。結局、未病の正体は慢性的な心の傷に原因があって、それが

脳に炎症を起こすことで、身体にさまざまな症状が現れることが分かってきています。ですから、「なんで、こんなになるまで我慢したのか」と患者さんを責めるようなことを言うのではなく、「これまで心に傷を負いながら、よく頑張ってきましたね」ということを伝えてあげたいのです。「あなたは、あなた自身を自分の力で治療しているのだから、自分を責めないでほしい」ということです。これは、今までの治そうとする考え方を180度ひっくり返したものです。

工藤　患者さん自身が自分を受け容れていく作業ですね。

長沼　もう1つは、患者さんの心の中に入っていって、子どものころからの自分の外傷体験による心の傷や、インナーチャイルド（内なる子ども）を癒やすことを一緒にやっていこうというものです。インナーチャイルドとは、トラウマ治療の世界で使われる言葉ですが、「心の傷を負っている子どもの自分」という考え方です。心の傷を無理に取ろうとするのではなく、小さいときの体験をもう一度やり直して、心に抑えこんでいるマイナス感情を思いっきり吐き出すと、さまざまな症状が取れ

「心の傷を負っている子どもの自分」の存在を認めてあげよう

て改善していきます。痛みもそうですが、対症療法をやっていても根本的なところはいつまでも解決しません。敏感さや繊細さも同じです。生きていれば、心に傷を負うのは避けられません。心の傷を隠して抑圧していても、それが癒やされない限り触れられると痛みます。インナーチャイルドの存在を認めて、マイナス感情を解放してあげることができると感情の流れがスムーズになって、心が動き始めます。自然とよくなっていく、湧き上がってくるイメージです。

工藤　では自分を解放するには、どうすればいいのでしょうか？

長沼　無理に癒そうとしても心が抵抗します。ですから、もっとも重要なことは、「そのつらい感情を出してもいいよ。つらかったね」と自分に言ってあげることです。不思議なことに、そうすると心が動きだします。

工藤　隠さなくていい、抑えなくていいということですね。

長沼　数年前に、アニメ映画『アナと雪の女王』が世界的に大ヒットしましたね。ご存知の方も多いと思いますが、主人公の１人である姉のエルサは、触れたものを凍らせたり、雪や氷を作る魔法の力を持って生まれました。子どものころ、誤って妹のアナに魔法の力を当ててしまい、アナは意識不明の状態になってしまいます。これがエルサにとって大きな心のトラウマになってしまい、彼女は自分が作った氷の城に1人、閉じこもってしまいます。その後、さまざまな困難にあう2人ですが、エルサは魔法の力をコントロールできるのは、相手のことを心から思いやる真実の愛であることを知り、ありのままでいいのだと自分自身を受け容れることで本当の自分を取り戻します。『アナと雪の女王Ⅱ』では、心の声に導かれるままに旅に出て、自分の不思議な力を皆を救うために使っていきます。人生が大きく変わっていくのです。

工藤　あれだけの大ヒットになったということは、多くの人が何かしらのトラウマを心の中に持っていることの表れかもしれませんね。

長沼　幼少期に心の傷を持たない人はいないし、多くの人は、それを隠して生きています。癒やされない心の傷がその人を無意識に動かしていくのです。顕在的なも

あるがままの自分に気づくきっかけは人それぞれです

のだけでなく潜在的な心の傷を解放することの重要性を感じます。

工藤　どうすれば、ありのまま、あるがままの自分に気づくことができるのかと思っている人は多いと思います。

長沼　「気づきのきっかけ」には決まった形などなく、人それぞれです。心の傷に触れる出来事が起き、気づかせてくれます。それこそ、『アナと雪の女王』がきっかけとなった人もいるでしょう。ふと手にした本を読んで自分を解放することができたという人もいるでしょう。またある人は、会社帰りにあまりにも見事な満月を眺めたとき、ふと「自分はいつも会社を辞めたいとかグチって、感情の起伏が激しくて神経質で、グチグチ悩んでばかりで、いつまでも成長できない子どものようなオッサンだけれど、それでいいのだ。無理に大人になろうとしなくてもいいのだ。このまま死ぬまで子どもオヤジで生きていってやる」と思ったといいます。そして、そんな自分でいられるのは妻と子どもたちが自分を認め、受け容れて、支えてくれているからだと、改めて家族への感謝と愛を感じたのだそうです。そのおかげで、その後は自分らしく、ラクに生きていくことができるようになったと言っていました。

工藤　私も今、家族の顔が浮かびました。

長沼　ただ、大切なことは、自分のインナーチャイルドに目を向け、マイナス感情を癒やしていくことです。善し悪しで判断するのではなく、つらい経験をありのままに受け容れて感情を出しつくしてしまうことです。そうすれば、「もういい。仕方がなかった。学びだった。次に進もう」と勇気が湧いてきます。人間には自然治癒力があって、健康な生活をすれば自然に健康な方向に動いていくのですから、ダイエットもうまくいくはずです。あせらず、「次はどんな経験や学びがやってくるんだろう」と楽しみにするくらいの気持ちで待っていればいいのです。

工藤　失敗してもいい、間違ってもいい、嫌われてもいい。そういった勇気を持つことが大切ですね。

長沼　私はよく、サイコロの面に例えて話をすることがあります。1つのサイコロ

次はどんな
経験や学びが
やってくるのかな…
あちっ

には６つの面がありますよね。同じように、自分にもさまざまな面があって、どれも自分だし、自分の中に違う面が一緒にあってもいいんじゃないですか？　と。

工藤　近年、多様性を認め合うことの重要性がいわれています。ＨＳＰ気質の人も、そうでない人もＨＳＰについての理解が深まっていくと、人間と社会の多様性への理解も深化していくのではないでしょうか。金子みすゞの詩にも「見えぬけれども、あるんだよ」とあります。

長沼　フランスの作家であるサン・テグジュペリの小説『星の王子さま』に「い

ちばんたいせつなことは、目に見えない」という有名な一節がありますね。見えない心の傷について理解が深まっていくと、自分を受け容れることができ、他者も受け容れることができていくでしょう。そして、実はこの世界には目に見えない多くのこと、ものが存在していて、目に見えるものと見えないものとのつながりで成り立っていることに気づくことができるのではないでしょうか。ＨＳＰを理解したとき、私たち人間の本質が分かってくるかもしれません。

工藤　今日は、とてもいい刺激と気づきをいただくことができた気がします。ありがとうございました。

長沼　こちらこそ、ありがとうございました。

第2章

HSPについてもっと知り、自由な心を手に入れよう

自分がＨＳＰだと感じる、あなたへ

第1章では、ＨＳＰに関して本質的な部分や精神医学的な面からのアプローチなどについて、おおまかにお話ししました。

ダイエットに関する具体的な方法などについては第3章で工藤先生から詳しくお話をしていただきますので、本章ではさらに詳しくＨＳＰに関する知識や、できるだけ楽に生きるために必要なことなどについて、お話ししていきたいと思います。

診察をしていく中で敏感で繊細すぎる人たちがいることに気づいた

北海道帯広市にある私のクリニックには、さまざまな人が訪れます。ＨＳＰ診療をめざして作ったクリニックなので、ＨＳＰの受診はもちろん多いのですが、併存する特性は多様です。

初診に際しては、問診票、セルフチェックリスト、簡易心理検査、発達記録、成績表、本人手記などを記入して事前に送っていただき「発達特性の把握」をしておきます。それ以外にも、当日に声紋分析やエネルギー測定装置で「感情感覚の状態」を把握します。

こうしてある程度の特性を把握した上で、実際にお会いして視線や表情や声やしぐさから「生身の情報」を受け取ります。さらに親や先生など関係者にも同席していただき、得られた情報を解説し共有してもらいます。その後、本人と家族に別々に、感想や質問をお聞きして相談していきます。

HSPなのかそうでないのか、病気や障害なのか違うのか、学校や職場に行くか行かないかなど、二者択一の答えを求められることが多いのですが、先の特性把握の結果を参考にして、本人にはいくつかの特徴がこの程度みられて、内面はこのように感じていて、無理して頑張ったり我慢したり責めたりする必要はないことを説明していきます。

患者さんが私に期待するのは、自分が感じたり思ったりしていることを私が言い当てて後押しすることや、自分では思いも付かない意外なことを指摘して教えてくれることです。自分の善し悪しを裁いたり、指示・命令・禁止・説教などをしたり、人格的な否定などされたくないのです。上から目線での押し付けではなく、共感しながら、どうしたらいいのか教えてほしいのです。

私は診察を通して知った患者さんの事実や経験を、自分に照らして学んできました。敏感さとは何か、どうして起きるのか、その意味や目的は、と問う中で、これまで学んできた知識が次第に結び付き始め、新たな見方が生まれました。

HSPという考え方が新しい扉を開いた

療育センターで児童精神科医をしていた2000年（平成12年）に、『片づけられない女たち』（WAVE出版）が翻訳出版され、大人にも発達障害があるんだという認識が一気に広まりました。ちょうどその翌年に、エレイン・N・アーロン博士の著書『The Highly Sensitive Person』の翻訳本『ささいなことにもすぐに「動揺」してしまうあなたへ。』（講談社）が出版されました。

HSPは、それまでは恥ずかしがり屋、内向的、引っ込み思案、怖がりなどと呼ばれていた性質ですが、アーロン博士は「敏感すぎるというのはどういうことか」

についてご自身の経験も交えて、乳幼児期、子ども時代、思春期の特徴や、ＨＳＰと内向性との違い、ＨＳＰを活かす天職、敏感な愛の難しさ、心の傷を癒やすこと、医者と薬とＨＳＰ、さらには魂にまで言及し、ＨＳＰの本質的な特性を描き出しました。

ＨＳＰは、その背景にある「感覚処理過敏性」に注目して概念化したもので、アーロン博士は心理学的な愛着や気質や性格理論だけではなく、神経科学の最先端の脳理論とユング心理学的なスピリチュアルな解釈をも取り入れ、とても包括的で統合的な視野の中で敏感さについて議論されていました。

そのころの私は自閉症の感覚障害を臨床研究していましたが、アーロン博士が「五感だけではない感覚の過敏性」に目を向けていることを知り、自閉症を理解するのに新たな視野が開けた思いがして、すぐに敏感さの調査を開始しました。

そうすると、確かにコミュニケーションや対人関係が苦手でこだわりはあるものの、真面目で責任感が強く、ネガティブな感情への共感性が強く、空気を読むのが得意で、正義感が強く礼儀正しい子どもたちがいました。

当時、さまざまな発達障害の中の五感の過敏性や超感覚の有無を調べたところ、幼児期に多く、学年が上がるにしたがって少なくなる傾向はありましたが、障害の種類を問わず、2～3割に過敏性を持つ子どもたちが見つかりました。

その後、発達障害でも問題になったのは、障害の程度が一部だったり軽度だったりするグレーゾーンの子どもたちでしたが、病気や障害の程度は健常者と連続しているというスペクトラム概念が登場し解決しました。

私自身も、これまで疑問に感じていたあれこれが、一本の線につながった思いがしました。そこで私は、子どもから成人までHSP気質を持った方の診療にも力を入れていくことにしたのです。

実際、その後に私が独自に調査・研究を進めていく中で、診療に訪れた方の約10～20％はＨＳＰ気質があり、神経発達症の子どものうち25～30％がＨＳＰ特有の敏感さを持つＨＳＣ（ハイリー・センシティブ・チャイルド）に該当することが分かってきています。

HSPに必ずある4つの性質とHSPの程度を自己チェックしよう

第1章でもお話ししたように、HSPは病気や障害の概念ではなく、基本的には持って生まれた神経の過敏性という気質です。まずは、自分にHSP気質があるのかどうかセルフチェックしてみましょう。P19でも触れた通り、アーロン博士によればHSPの人は以下の4つの性質を必ず持っています。この4つすべてを持たない人はHSPではないと考えます。まずはこの4つの有無をチェックしてみましょう。

① 深く考え、処理する

② 過剰に刺激を受けやすい

③感情の反応（特に共感力）が高い

④些細な刺激を察知する

さらに以下のテストで、ＨＳＰの程度をチェックしてみましょう。

チェックテスト１

根底にある８つの恐怖

（　）自分が拒絶される恐怖
（　）怒りに満ち攻撃される恐怖
（　）見捨てられる恐怖
（　）呑み込まれる恐怖
（　）責任を押し付けられる恐怖
（　）自分がコントロールを失う恐怖
（　）相手を攻撃し破壊する恐怖
（　）些細なことで相手が嫌いになる恐怖

それぞれの項目の（　）内にどの程度当てはまるかチェックしてください。

◎＝かなり当てはまる
○＝当てはまる
△＝少し当てはまる
×＝当てはまらない
？＝分からない

自分のＨＳＰの程度は、◎や○の数で主観で判断しましょう。大切なのは自分の特徴を知り納得することです。

チェックテスト 2

HSPの特徴

得意な面

（　）素直かつ純粋で人を信じやすく優しい

（　）人を守りたいという気持ちが強い

（　）使命感があり向上心が強い

（　）真面目で責任感が強い

（　）ネガティブな感情への共感性が強い

（　）相手の気持ちを読むのが得意である

（　）正義感が強く礼儀正しい

苦手な面

（　）いつも相手に合わせて「いい子」でいようとしてしまう

（　）色や音や匂いなど、ちょっとした刺激が気になる

（　）夢や空想がリアルで現実と混同してしまう

- （　）１人になる時間や空間があると助かる
- （　）相手のペースに合わせてできない
- （　）相手のことを考えすぎて嫌だと言えない
- （　）集団の中で無口になって１人になる
- （　）感情、言葉、行動を表に出せず抑えてしまう
- （　）監視や評価や時間制限などが苦手
- （　）周囲の人の気分や感情に左右されてしまう
- （　）とても神経が疲れやすい
- （　）一度にたくさんのことができない

周囲の人たちに影響されやすい

- （　）自分には関係のない問題に巻き込まれたりする
- （　）予期せぬほど多くの人に嫌な思いをさせられたりする
- （　）必要以上に口に出してしまったりする
- （　）人間関係の泥沼に引きずり込まれたりする
- （　）深く付き合うはめになったりする

人はそれぞれ、生まれ持った気質や体質、育った環境や生活習慣などの背景が違うので、思考や感情や感覚の神経回路の特性なども違ってきます。

自分がＨＳＰの気質を持っていると気がついた人の中には、それが生まれ持った遺伝的なものなのか、それとも生育環境などの後天的なものが原因なのか、どちらなのかと考える人もいますが、どちらの影響もある、両方の掛け算と考えるのがいいと思います。

生まれ持ったＨＳＰの気質に、育ってきた環境の影響が掛け合わさって性格や人格がつくられていきます。実際、最新の研究では遺伝子の発現や胎児の生育も、環境からの影響を受けて変化することが分かっています。

ＨＳＰは４つの性質が必ずあることが前提ですが、ＨＳＰは多数派が持たない少数派の気質であって、その少数派の中にも程度の差があります。また、抱えている生きづらさ、あわせ持つ精神症状や身体症状にもさまざまな違いがあります。

人には、刺激を恐れ敏感に反応する神経系と、刺激を求め恐れず楽しむ神経系とがあり、それぞれの強弱の組み合わせで４つの性質が生まれます。それぞれの神経系は一部が結び付いてお互いに影響し合っています。

この２つの神経系を視野に入れてＨＳＰを見ないと、人間の中にある「刺激が怖いのに刺激を求めてしまう」とか、「刺激を求めているのに刺激が怖い」などの性質が見えてきません。

HSPの主な7つの特徴

HSP気質の人にはどのような特徴、傾向があるのでしょうか。

さらに具体的に説明していきましょう。

前項の4つの性質からくる特徴は人によってさまざまなのですが、大きく分けると次の7つにまとめることができると思います。

♣HSPの人の主な7つの特徴

(1)刺激に敏感に反応してしまう

音や光、匂いや味、触感や食感など、ＨＳＰ気質の人は、とにかく五感で感じるさまざまな刺激に過剰に反応してしまいます。これは、脳の感覚情報処理システムが通常の人よりも活発に働き、強く反応してしまうからだと考えられています。

例えば、受信性能のいいアンテナを持っているようなものだと考えるとイメージしやすいかもしれません。

ほかの人がテレビの1つのチャンネルしか受信できないのに、HSP気質の人は地上波すべてを受信できたり、中にはBS放送まで受信できてしまう人がいるというわけです。

感覚の受信は対象への意識や注意の向け方で調整されるほか、物理的にも調整が可能です。自分が取り入れたくない感覚情報は、注意をそらしたり、覚醒レベルを落としたり、イメージや身体感覚に意識を集中することで切り替えることができます。

(2)とても疲れやすい

HSPは、刺激から自分を守るために、おのずと他者に鈍感になったり、動揺することを避けたり、自分をリラックスさせることを最優先にしたり、敏感さを極度な刺激で麻痺させようとしたりしています。

ＨＳＰがとても疲れやすい原因には、次のような神経の仕組みがあります。

脳幹には意識や痛覚の調整をつかさどる場所があり、大脳の視床という場所では身体感覚や内層感覚の感覚調整が行われています。視床の神経は感覚の入力が不十分だと刺激に対して過敏な反応を示すようになり、逆に入りすぎると鈍感になります。

脳幹や視床に炎症が起きると感覚情報をうまく伝えられなくなり、感覚の調整をつかさどる神経ネットワークに異常をきたします。その結果、身体エネルギーや自律神経機能の調整がうまくできなくなり、疲労感や疼痛や自律神経症状が起きてくるのです。

(3) 心の境界線がもろく、人の影響を受けやすい

人は社会生活を送る上で、他者より自分を優先させる自分軸を立てたり、自分と他者を区別する境界線を引いて自分を守っています。

HSPはこの自分軸や境界線が弱いため、他者の感情が入りすぎたり、他者に同調しすぎて、身体的精神的にオーバーロード（過剰負荷）になってしまうのです。

この特徴は、他者への共感能力の高さとしていい方に働くこともあれば、他人のネガティブな感情も自分のことのように受け止めてしまい、混乱してしまうなど、悪い方に働くこともあるでしょう。

人には周囲の刺激や要求から自分を守る自己防衛の仕組みがあり、さまざまな防衛手段を使って心の安定を保とうとします。また、欲を抑える道徳的・禁欲的な自

己規制の仕組みもあり、それが真面目さ、正義感、責任感、使命感などをもたらします。

　他者や世間に呑み込まれず生きていくためには、どちらの心の仕組みも必要です。自己防衛だけだったら空気を読まず言いたいことばかり言ってしまいますし、自己規制だけだったら正直に本当のことを言えなかったり、コミュニケーションの潤滑油になるような上手な嘘も言えなくなってしまいます。

ＨＳＰは、自己規制に縛られやすいので、ときには自己防衛も使って自分を保ち、バランスをとることが必要です。

（４）自己否定感が強く自己嫌悪に陥りがち

ＨＳＰは、子どものころから自己否定感が強く、自己嫌悪になってしまいがちです。理想の自分や、あるべき正しい自分像というものがあって、そうではない現実の自分との間に生まれたギャップのために自己嫌悪になってしまうことがあります。

また、自分は相手にイヤな思いをさせてしまっているのではないか、場の空気を悪くしているのは自分のせいだ、自分はダメな人間だ、などとネガティブなことの原因がすべて自分にあるように感じてしまい、苦しくなってしまうこともあります。

さらには、周囲の人に対して、「申し訳ない……」という思いが強くなってしまったり、「あんなことしなければ、言わなければよかった」と、後悔のループにはまってしまって、いつまでも抜けられないこともあります。

とにかく、正義感や責任感が強く、罪悪感も強い、いい子、いい人たちなのです。善と悪の両面が人間の本質だとするなら、自分の悪の部分を許せないのかもしれません。

人間なら誰しも、自己嫌悪に陥ってしまったり、罪悪感を感じることがあります。しかし、ＨＳＰの場合、そうではない人から見ると「なぜ、それほどまでに……」と思わざるを得ないほど、罪悪感と自己嫌悪にさいなまれてしまう人が多いのです。それは、常に正しい側にいたい、いなければいけないと感じている自分の、自己防衛意識の現れだとも考えられます。

また、時間軸のどちらに向きがちか、というように考えることもできます。ＨＳＰ気質の人は、未来に対して新しい刺激を求める「冒険システム」よりも、過去を振り返ることで新しい刺激を避けようとする「用心システム」の働きが強いので、過去に意識が行きがちです。

そのため、過去にとらわれてしまうのですが、イヤな出来事やつらかった記憶は、楽しかった記憶よりも残りやすく強力なので、過去のネガティブな感情に引きずられて、負のループにはまってしまうことが多いのだとも考えられます。

（5）慎重で自分のペースを守って行動することを好む

ＨＳＰには、物事を敏感に感じ、深く考えて処理するという気質があるため、「本当のことを知りたい」「本質に迫りたい」という人も多くいます。

そのため、情報収集能力が高く、例えば仕事であれば多くの情報をインプットしてから処理するため時間はかかるのですが、非常に丁寧で正確、鋭い分析力を発揮することができます。しかし、職種によっては、仕事が遅いと評価されてしまうことがあります。

未来予測や危険を察知する能力も高く、なんとなく先が「読めてしまう」「分かってしまう」ことが多くあります。いろいろなことがふと感じられ浮かんでくるので、同じ仕事をしていると飽きやすく、長続きしないこともあります。目標に達するまでにやるべきことが分かってしまうため、無駄な努力や行動をせずに、計画倒れに終わってしまったりすることもあります。

また、人から見られていたり、

他者から判断、評価されたり、時間を区切られて急かされたりすると緊張し、混乱してしまい、実力を発揮できないことがあります。

(6)芸術や音楽を好み、自分の内面世界を大切にする

HSP気質の人の感性や思考は、内側へ、自分の内面へ向かうことが多くあります。そのため、物事を深く感じ、考える特性と相まって、非常に思索的、内省的な人が多いという特徴もあります。

内向的というとマイナスイメージにとられがちですが、そんなことはありません。直感力やひらめきも強く、感受性が豊かで、鋭い感性を持っているので、HSP気質の人は芸術や音楽を愛し、小説や映画などの世界に強く惹かれ、感動します。創造性が豊かなため、自らが作り手、アーティストとして活躍することもあるでしょう。

（7）五感を越えたシックスセンスを持つ人もいる

欧米では「サイキック」と呼ばれますが、敏感で繊細すぎる感覚を持つＨＳＰの中には、ときに五感を超えた世界を感知することができる人がいます。

例えば、近い未来に起きる出来事を予知できたり、会ったことのない人のキャラクターを当てることができたり、相手の考えていることが分かってしまったり。

でも、こうした能力は不思議なことではないのかもしれません。電波や電磁波は目には見えませんが、地球上のさまざまな空間を飛び交っていますし、分子や原子、量子や素粒子は人間の目では見ることができませんが存在しています。宇宙空間では星と星の間には何もないようでいて、実は人間の目には見えないダークマターという物質で満たされていると仮定されています。

つまり、人間の五感で感知できないものが、この世界、宇宙には確実に存在しているということです。目に見えるものは氷山の一角で、目に見えないものの方が多いといってもいいでしょう。

ただし、こうした特別な感性を持つ人の場合、見えない世界に通じやすく、自己意識が身体から離れたり現実感覚を失うこともあるので、身体感覚を高めて地に足をつけるよう意識することも大切になってきます。

そして、もっとも重要なのは、こうした自分の特性、能力とどう付き合って、自分の人生にどう活かしていくか、という視点を持つことです。

外向性と内向性をあわせ持つＨＳＳ型ＨＳＰ

第1章でも少し触れましたが、実はＨＳＰの気質を持つ人の中には外向的な性質を持つＨＳＳ型ＨＳＰといわれる人がいます。

ＨＳＳとは、「High Sensation Seeking（刺激探究型）」の頭文字の略語で、アメリカの心理学者であるマービン・ズッカーマンが提唱した考え方です。

ＨＳＳ型ＨＳＰの特徴としては次のことが挙げられます。

♣ＨＳＳ型ＨＳＰの主な特徴

- 内向的なＨＳＰ気質の人に対して、ＨＳＳ型の人は外向的で好奇心が強い

- とても敏感、繊細なのに、大いに刺激を求めるという両面を持っている
- HSP気質の人の中の約3割がHSS型
- 社交的で、物怖じしない
- 人とはすぐに仲よくなれるが、離れてしまうのも早い
- 冒険を好み、衝動的で危険を冒すこともいとわない
- HSPと同様、生まれ持った気質である
- 移り気で、何事にも飽きやすい
- 外向的であるため、いつも元気いっぱいに見えるが、その反面、疲れやすい
- 刺激を求めるが、傷つきやすい
- 好奇心が強いが、警戒心も強い
- 自己肯定感は低いが、内心では自信がある

このように、相反するものを兼ね備えているため、常に内面には大きな矛盾を抱え込んでいるのが、HSS型HSPの人の大きな特徴です。

ＨＳＰの人が自分らしく生きるために必要な４つのこと

自分のＨＳＰ気質をマイナスにとらえすぎていたり、つらい精神症状や身体症状として現れている場合に、症状を改善していきながら、できるだけラクに自分らしく生きていくために大切なポイントを、大きく４つに分けてお話しします。

（１）自分は何に敏感すぎるのかを知る

ＨＳＰ気質の人はさまざまなことに敏感なのに、自分が何に敏感なのか、何が苦手なのか分かっていない場合があります。これは、人間の脳には自分が見たいものだけを見て、見たくないものは見ないようにするという特性があるからです。

自分がラクに生きていくために、まずは自分の特性を知り、自分はどういう人間なのかを、できるだけ客観的に見て、知ることが大切です。結果があるなら、その原因を知らなければ対策のとりようがないからです。

そのためには、毎日の生活や行動を丁寧に見ていきながら、日記などに書いていくのもいいでしょう。

不安感というのは自分を守るための防衛本能の現れですが、自分が何に敏感に反応してしまうのかが分かれば、不安になる芽を先に摘んでおくこともできます。

(2) 自分を守るための方法を見つける、安心・安全な場を作る

HSP気質の人は、不安や恐怖を感じやすく、ネガティブな方向にいきがちです。それを防ぐためには、自分を守るための自分なりの方法を見つけること、そして安

心・安全な環境を作ることが大切です。

例えば、学校や会社であれば、1人になって落ち着ける場所を見つける、仕事中はノイズキャンセリング機能付きのイヤホンをつけて周囲の雑音をブロックするなど、可能な範囲で、あれこれ工夫をしてみましょう。

信じるもの、心の支えになるものがあると人は強くなれます。自分なりの哲学や価値観、アクセサリーやパワーストーンなどのアイテム、心に残る言葉、亡くなった祖父母など親しい人との思い出など、何でもかまいません。心がつらくなったときの「お守り」のようなものを持っておくといいでしょう。

また、自分の味方になってくれる人や信頼できる人を作っておくことも大切です。周囲の人に頼ることは恥ずかしいことでも迷惑をかけることでもありません。つらくなったら無理をせず、弱音を吐いてみることも必要です。

時間を作ってマインドフルネス（P33参照）で瞑想をすることで、自分の身体やイメージに安心・安全な場所を作ることも有効だと思います。

子どもが元気で疲れ知らずに遊ぶことができるのは、過去のことをいつまでも後悔してくよくよと引きずらず、まだ起こっていない未来のことを心配せず、「今、ここ」の遊びに集中しているからです。自分のエネルギーを過去と未来に分散させないようにして、「今、ここ」の活動に集中して使うようにしてみましょう。

なお、不安を感じるのは危険察知能力にもつながりますし、不安感が学習速度を速めたり、自分に足りない能力を身に付けるための原動力にもなります。不安感そのものをポジティブにとらえて、上手に活用していくことも大切です。

（3）「これでいいのだ」と思える勇気と覚悟を持つ

自分を知るためには勇気が必要です。勇気を持つには覚悟が必要です。そして、覚悟を持つには、ある意味で「あきらめ」も必要です。

あきらめるというと、通常はマイナスのことにとらえられると思いますが、実は「諦める」と「明らめる」という2つの意味があります。

諦めるとは、もともと仏教語では真理や真実、悟りといった意味があり、それらを「明らかに」するのが、そもそもの「あきらめる」の意味です。

そして、あきらめは、開き直りでもあります。自分の持つ特性のマイナス面ばかり見たり、人と比べてばかりいないで、「これでいいのだ」、「自分のありのままでいいのだ」と開き直って自分で生きていく、という勇気と覚悟も大切です。

食に関しても、「これを食べてはいけない」、「食べません」という厳禁主義でいると、どんどん苦しくなっていきます。自分を解放していくためには、まず「これでいいんだよ」、「今のままでいいんだよ」というマインドセットをしていくことで、自己嫌悪や罪悪感を和らげてあげることも大切です。

（4）自分を認めて、受け容れ、解放してあげる

「これでいいのだ」といえば、漫画『天才バカボン』のパパの名ゼリフです。どれほどくだらない、アホなことをしても、周囲の人からあきれられても、バカボンのパパは最後に「これでいいのだ」と言って納得します。実は、彼は自己肯定の天才かもしれません。

ＨＳＰ気質の人が陥りやすい自己嫌悪は、自己肯定感の低さからもきています。まずは、ありのままの自分を認めて受け容れてあげましょう。

この世でたった1人の「個」としての存在である自分を深く知ることで、自分という核ができます。すると、他者という「全体」を知ることができ、自分も全体の一部であることが分かります。それは、決して自分は1人ではないということです。
そして、他者に受け容れられていくことで自分自身を理解し、自分も他者も受け容れていくことができます。
こうした双方向の、大きな循環の輪の中に自分がいるイメージです。
そこでは自分を変える必要はあり

ません。自分はここまで、どのようにして今の自分になったのかを知って理解することで、ありのままの自分を認めて受け容れていくことができるようになるでしょう。

「でも、それができないから苦しい……」という声が聞こえてきそうですね。確かに、なかなかすぐには難しいかもしれません。

それでも、「これでいいのだ」、「ありのままの自分でいいんだよ」と何度も何度も自分に言ってあげてください。第1章でもお話ししましたが、人は楽しいから歌うのではなく、歌うから楽しくなるのだとすれば、いつか必ず、あるがままの自分でいいのだと思える日が来ます。

人と違うなら、人とは違う経験や知識を得ることができるのですから、それだけ豊かな人生でもあります。自信を持って自分を肯定してあげてください。

Columun

脳の炎症を改善して生きづらさを解消する食べ物とは？

ストレス反応は、本来は外敵や異物から身体を守るために必要なものですが、それが極端になったり、慢性的に続くと身体に悪影響を与えるものに変わります。

ストレス源になるものとしては、身体の負荷のほかに、精神的な負担、感染症、癌や腫瘍、生活習慣病における慢性炎症などがあり、長期間続くと脳の炎症の原因となります。

慢性疲労症候群、自律神経失調症、不安抑うつ状態、過敏症などは、身体の慢性炎症に伴ってストレスホルモンや炎症性サイトカイン（＊）が過剰に作られ、脳が慢性炎症の状態になることによって起こります。いずれも脳の慢性炎症に関連しているため重複して起きてきます。

このような脳の炎症を抑えるには、「胃腸の働きを整えること」が最優先事項となります。神経伝達物質にとって大切な「タンパク質」「ビタミンB群」「鉄」、ストレスに対抗するホ

（＊）サイトカインとは主に免疫系細胞から分泌されるタンパク質で、細胞間の情報伝達を担う。中でも生体内のさまざまな炎症症状を引き起こすサイトカインを、炎症性サイトカインと呼ぶ。

ルモンを作るのに必要な「ビタミンC」「ビタミンD」「亜鉛」「マグネシウム」などの摂取を心がけましょう。

その吸収をスムーズにして炎症を起こさないために、腸の環境を悪くする食べ物をとらないことが大切です。そして抗炎症作用のある食べ物を積極的にとり、逆に炎症を起こしやすい食べ物は控えめにしましょう。そのようなことがＨＳＰの生きづらさを改善しダイエット効果を高めることにもつながるでしょう。

脳の炎症を抑える食材

「スパイス・ハーブ・香味野菜」

ニンニク・ワサビ・ショウガ・コショウなど

「夏野菜」

トマト・キュウリ・ゴーヤ・オクラなど

「消化補助食材」

ヤマイモ・キャベツ・ダイコンなど

脳の炎症を起こしやすい食材

「主に糖質でできているもの」

チョコレート、ケーキ、練り物、ラーメン、ピザ、パスタ、栄養補助クッキーなど

「オメガ６系脂肪酸・トランス脂肪酸などの油を含むもの」

フライドポテト・スナック菓子などのジャンクフード／揚げ物など

第3章

HSPさんは「脳」でやせ、自由な身体を手に入れよう

ダイエット専門医
工藤孝文

ＨＳＰ気質の人に効果的！実践「工藤式ダイエット」

本章では、私がこれまで実践してきた「工藤式ダイエット」の中から、ＨＳＰ気質の方にも効果的なダイエット方法について、食事や行動などの面から具体的にご紹介していきます。

長沼先生からもお話ししていただいたように、ＨＳＰ気質の人は敏感で繊細すぎて、罪悪感を持ちやすく、自己嫌悪になってしまいがちです。

私は、これまで10万人以上の方にダイエットの指導を行ってきましたが、やはり共通する大きな特徴の１つとして、自己嫌悪に陥りがちな方が多いことが挙げられます。

「また、たくさん食べてしまった……」「自分の意志が弱いから、やせられないんだ」「何をやっても長続きしない……私はダメな人間だ」

そんなふうに思ってしまうのですね。そして、何もかも嫌になってしまって、途中でダイエットを投げ出してしまう。そうした経験をしてきた方も多いのではないでしょうか。

でも、落ち込んだり、投げやりになったりしないでください。

これまでお話ししてきたように、あなたの意志が弱いからダイエットがうまくいかないのではありません。脳内で起きている変化に原因があるのですから、そこをプラスの方向に改善していけばダイエットはうまくいきます。

これからお伝えするさまざまな方法でダイエットを成功させ、同時にＨＳＰ気質による心身の不調も整えていきましょう。

認識を改めよう①

やせることを目的とした食事制限はむしろ逆効果

やせたい人の多くが取り組むダイエット法といえば、食事制限です。ところが、「カロリー制限のダイエットは有効か」の調査によると、長期的に見ると1／3から1／2の参加者が、逆に体重が増加してしまった！　という驚きの結果だったのです（左グラフ参照）。工藤式ダイエットの基本ルールは、次の3つです。

1　糖質制限もカロリー制限もなし
2　食べたいという欲求を我慢しない
3　運動はしなくてもいい

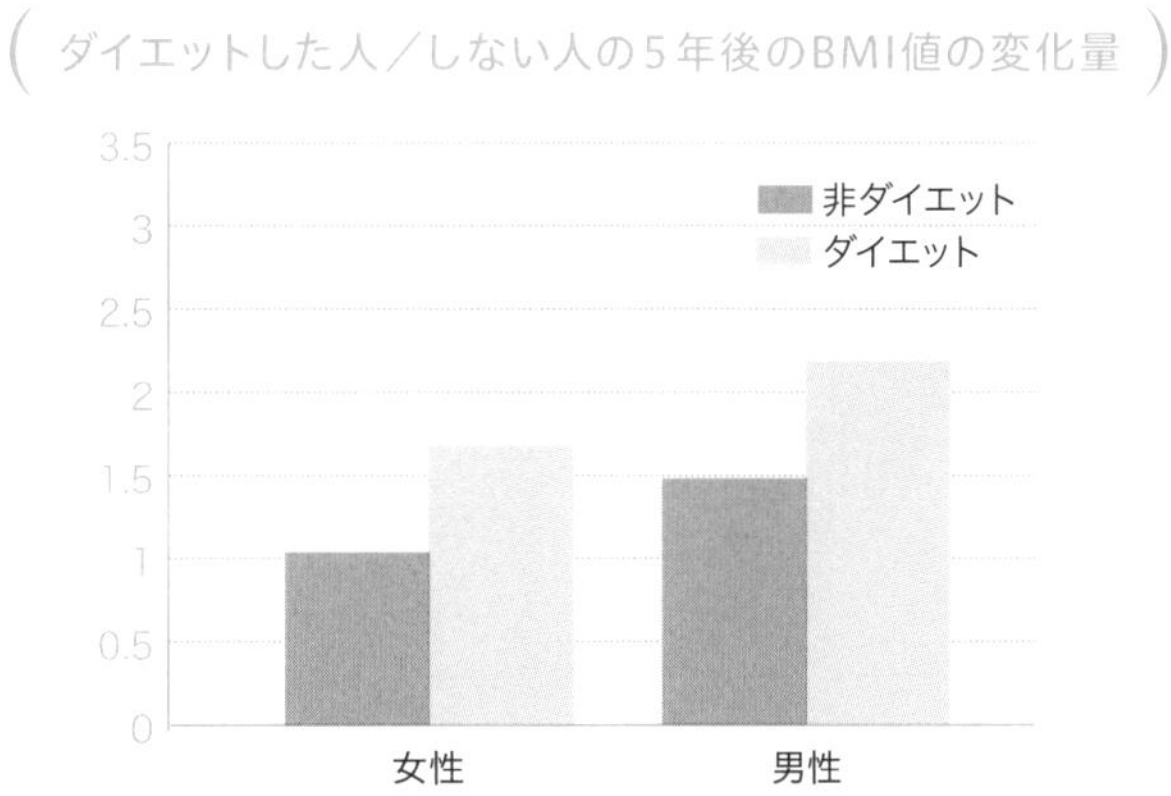

出典：アメリカ、ミネソタ大学のヌマーク・シュザタイナーらが行った、ダイエットをしている若者の追跡調査（2006）より改変

ぜひ、これまでのダイエットに対する脳の認識を今、ここで、書き換える。そこからスタートしてください。工藤式は、分かりやすく言えば、「脳を書き換えて食行動を改善する」ことにあります。だから工藤式のダイエット成功率が99・2％なのです。

また、ＨＳＰの方の多くは、言いたいことが言えずに我慢してしまう、人が気づかないことを敏感に感じ取る、などといった傾向があるため、人よりもストレスが溜まりやすくなります。糖質制限や食事制限といった「我慢」「抑制」をすると、かえって食べたい欲求が高まり、ストレス太りを招くのです。

ストレス太りの人は次のような傾向があります。

□冷蔵庫に食べ物が少ないと落ち着かない
□身の回りにいつも食べ物を置いている
□イライラしたり心配事があったりするとつい食べてしまう
□何もしていないと、つい食べてしまう

1点：そんなことはない　2点：時々そういうことがある　3点：そういう傾向がある　4点：まったくその通り、で点数をつけ、4点が1つでもあれば、外来では「ストレスからドカ食いタイプ」と診断します。

♣ダイエットへの認識のズレを修正する

みなさんが頭の中でイメージしているダイエット法に「認識のズレ」が生じています。そのズレ度合いをここでチェックしてみましょう。同じように点数をつけてみてください。

□太るのは甘いものが好きだからだと思う
□太るのは食べてすぐに横になるからだと思う
□太るのは運動不足のせいだ
□水を飲んでも太ると感じる
□風邪をひいたら、回復のためによく食べるべきだ
□他人よりも太りやすい体質だと思う
□3食きちんと時間通りに食べるべきだ

4点が1つでもあれば、「ダイエットへの認識がずれている」と診断します。このように、多くの人が自己流に判断したり、勘違いしたままダイエットに失敗しているのです。風邪のときは胃腸を休めるためにも粗食がいちばんです。そして食事はいつでも時間通りではなく、きちんと空腹感を感じてからとるべきなのです。脳の認識を書き換え、正しい食行動をとれるようになれば、必ずやせられます。

認識を改めよう②

我慢しすぎはHSPさんにはNG ヤケ食いにも意味がある！

ＨＳＰ気質の人は、他人への気疲れ、自己嫌悪、怒りや悲しみ、イライラ、などから人一倍ストレスを溜め込みがちです。仕事から帰宅すると「何か食べたい！」と食欲が暴走することはありませんか？　そんな「ヤケ食いの正体」を解説しましょう。

食べるという行為には、ストレスホルモン「コルチゾール」の分泌を抑え、幸せホルモン「セロトニン」の分泌を促すといった優れた作用があります。食べることは、緊張をほぐし、幸福感を呼び起こし、ストレスを緩和させる、意味のある行動なのです。だからイライラしたり、不安な気持ちになったとき、食べるのを我慢しすぎるのは逆効果。そんなときは好きなだけ食べましょう。ただし、スナック類などは避けて。そして一緒にとる飲み物は、緑茶コーヒーがおすすめです。

《緑茶コーヒーの作り方》 緑茶：ブラックコーヒー＝１：１（インスタントでもＯＫ）

コーヒーに含まれる「クロロゲン酸」と、緑茶に含まれる「カテキン」には、脂肪燃焼効果があり、カテキンには血糖値の上昇を抑える働きがあります。それぞれにやせる効果があるので、同時に飲むことで脂肪燃焼効果が高まります。緑茶コーヒーを1日3杯飲むだけで、多くの患者さんが減量に成功しています。ミルクを入れるとコーヒーのやせ効果「クロロゲン酸」の吸収率が低下するので、ぜひブラックで。

さらにダイエット成功のカギを握るのが、少しくらい食べすぎても、後悔はしないということ。「栄養をしっかりとったから、ストレスはこれで解消！」とポジティブに考えましょう。自分の行動を前向きにとらえることで、自己肯定感を高め、ストレスで染まった脳をリセットすることができるのです。

＊個人差が大きいですが、HSPの方はカフェインに敏感な傾向があるので、ご自分に合っていないと思われたら、取り入れないでください。

認識を改めよう③

工藤式ダイエットのキーポイント①
体重グラフ日記

工藤式ダイエットは、「食行動を正す」ことです。やせられないのは、無意識のうちに太りやすい行動をとっているから。その行動に「気づく」「意識を変える」と、必ずやせられます。

意識を変える1つの方法が体重グラフ日記です。1日に4回、ただ体重計にのるというシンプルなやり方ですが、どの食事がデブ行動だったのかを知る上で、非常に効果的なダイエット法です。例えば「週末に増えやすい」「夕ごはん後に増えている」「ストレスが溜まっていると体重が増える」などが明確に見えてきます。

体重を測る4回のタイミング

1　朝起きてすぐ
2　朝ごはんを食べてすぐ
3　夕飯を食べてすぐ
4　寝る前

体重グラフ日記をつけるメリットは、「自分がとっている太る行動」が分かるだけではなく、やる気ももたらします。体重増の原因はさまざまで、塩分が多かったのでむくんでいる、夜中にお菓子を食べた、睡眠不足など、いろいろあります。

記録のポイントは、「手書き」。手を動かすことは、不安とストレスを大きく軽減する作用があります。もう1つのポイントは、自分とポジティブに向き合うこと。自己嫌悪はダイエットの大敵です。グラフが100gでも減っていれば、βエンドルフィンが分泌されて、やる気がアップし長続きします。

♣体重グラフをつけるときの3つのポイント

ポイント1「便のスッキリ度」

スッキリ度は、◎・○・△・×で記します。◎・○が続くときは、下がった体重を維持できる絶好のチャンス！　食事量を少し減らすだけでも減量効果が出ます。

ポイント2「睡眠時間」

ダイエットにとってのベストの睡眠時間は7時間以上。これよりも短いと、ホルモンのバランスが崩れて食欲増進につながります。

ポイント3「気づき」

今日できたこと、明日することを記入しましょう。気づきには、後悔やできなかったことを書いてはいけません。それがストレスになり、太る原因になります。ポジティブなことを書くだけでやせやすくなります！　何はともあれ2週間、続けてみましょう。日記が終わるころには習慣化し、もっと続けたくなっているはずです。

体重グラフ日記

体重を毎日４回測ります。難しい場合は、起床直後、就寝直前の２回でOK。測定時の着衣はあり・なしで統一します。

時間経過／体重変化	月　日	月　日	月　日	月　日	月　日	月　日
（　　）kg						
（　　）kg						
☆（　　）kg						
（　　）kg						
（　　）kg						
	起きてすぐ　朝食後　夕食後　寝る前	起きてすぐ　朝食後　夕食後　寝る前	起きてすぐ　朝食後　夕食後　寝る前	起きてすぐ　朝食後　夕食後　寝る前	起きてすぐ　朝食後　夕食後　寝る前	起きてすぐ　朝食後　夕食後　寝る前
便のスッキリ度（◎・○・△・×）						
睡眠時間						
気づき						

☆（　　　　）kgには四捨五入した初日の体重を入れる（51.5kgなら52kg）。
点線の１メモリは200g。各（　　　　）には、±1kgの値を入れる。

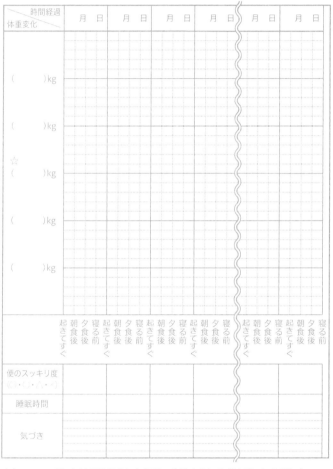

認識を改めよう④

やせるための6つのポジティブルール

ダイエットに限らず、「明るく」「前向きに」「楽しく」取り組まないと、何事も長続きしません。工藤式に「自己抑圧」も「我慢」も不要です。

ルール1　空腹感を感じてから食べる

空腹とは？　それは、お腹が空っぽで、グーっとなるくらいの状態です。「満腹ではない」「食べようと思えば食べられる」は空腹ではありません。また、「食事の時間だから食べる」「残すのはもったいない」という認識も捨て去りましょう。

ルール2　空腹？と迷ったとき、選択するのは「食べない」

「口さみしい」「小腹が空いた」「なんか食べたい」という状態では工藤式は食べま

せん。もし食べてしまったとしても、自分を責めず、責めないポジティブな自分を「私には伸びしろがある」ととらえます。ダイエットの最大の敵は自己嫌悪です。

ルール３　ひと口食べるごとに箸を置く

箸を置くことで、食への衝動性が抑えられ、食べる量が自然に減って、一気に４、５kgやせる人もいます。咀嚼中は、背筋を伸ばし、じっくり味わいます。

ルール４　空腹感が消えたら、食べるのをやめる

太っている人は早食いが多く、脳の満腹中枢が刺激されるまでに食べすぎになってしまっています。

ルール５　まだ食べられそう、と思ってもやめる

ルール６　残り物は、すぐに片づける

ルール４～６を実現させるコツは、視覚で脳を騙す方法です。「食器を小さくする」「細長い形のグラス」は、脳は量が多いと勘違いして、自然に食べる量も減ります。意外に効果が高いのは「青系テーブルコーディネート」。食欲を減退させます。

認識を改めよう⑤

ドカ食いを防ぐ生活習慣＆思考術＆食事術

夜、ドカ食いしていませんか？　ランチタイムから時間が経って、血糖値が下がり、ストレスが加わることでさらに空腹感が増します。どうしたらいいのでしょう？

1　思考にワンクッション置く

「食べたい」欲求を強く感じたら、「なぜこんなに食べたいのか？」を自分に問いかけてみます。食べる行動の前にワンクッション置き、ストレスの原因を探るのです。「食べたいから食べる」という状態から、大きく一歩踏み出せます。

2　朝日を浴びる

夜のドカ食いを防ぐには朝が肝心です。朝起きたら、まず朝日をしっかり浴び、体内時計をリセットします。体内時計がズレたままだと、睡眠障害や肥満、うつ、糖尿病、免疫不全、アレルギー、がんを引き起こすリスクが高まります。

3　朝食をとる

朝食ではタンパク質と炭水化物をしっかりとります。タンパク質には、幸せホルモンであるセロトニンの材料となる、トリプトファンというアミノ酸が含まれます。朝、トリプトファンを含む食べ物をとると、14〜16時間かけてセロトニンから睡眠ホルモンであるメラトニンにちょうどよく変換されます。体内時計を調整し、ストレスをやわらげてくれるのです。バナナや牛乳もトリプトファンを含むのでおすすめです。

4　午後2〜3時に先取りディナー

ランチを軽く済ませたら、夕食の一部を先に食べる分食という方法で、血糖値の乱高下を防ぎます。糖尿病治療などにも取り入れられている有効な方法です。血糖値が乱高下すると、血管を傷め、情緒不安定や疲れ、だるさの原因になります。

脳内ホルモンを知ろう①

工藤式ダイエットのキーポイント②
脳内ホルモン

ダイエット成功の鍵を握るのは脳内ホルモンです！　本書に登場する主なホルモン8つについて、ここでまとめて解説します。ダイエット成功率99％を誇る工藤式は、ホルモンの役割を知ること＝自分を知ることから始めます。

レプチン――「食べたい」という欲求をストップ

通称：満腹ホルモン。食欲を抑え、太りにくくするホルモンです。エネルギー消費量を増やし、脂肪が溜まるのを防止します。一方で、すでに肥満だったり、睡眠不足だと、レプチンの分泌が抑制されます。不足すると、すぐイライラする、ドカ食いする、ストレスを感じやすいといった症状が現れます。

グレリン――「お腹が空いた」ときに分泌され、アンチエイジング作用も

通称：空腹ホルモン。体内のエネルギーが不足すると胃から分泌され、食欲を増進！　細胞内でエネルギーを生み出すミトコンドリアを元気にし、成長ホルモンの分泌を促します。成長ホルモンは、疲労回復や肌の修復など、心身のメンテナンスを行うので、ＨＳＰさんには大切なホルモンです。

セロトニン――ストレスを軽減！　心を落ち着かせリラックス

通称：幸せホルモン。朝日を浴びたときやリズミカルな運動をしたときに分泌します！　心のバランスを整える、腸内環境を整える、過食を防ぐ、体内時計をリセットする、ドーパミンとノルアドレナリンを抑える等の役割があります。睡眠ホルモン、メラトニンのもとになります。90％は腸に存在し、ストレスが続くと分泌が低下します。脳で働くのは２％で、分泌量が減ると感情に悪影響がでやすくなります。

βエンドルフィン――鎮痛効果と気分の高揚、陶酔。別名「脳内モルヒネ」

通称：脳内麻薬ホルモン。苦痛を取り除くときに多く分泌されます。「ランナー

ズハイ」が起こるのも、βエンドルフィンの作用によるものです。筋肉を酷使したり、熱いお風呂、性行為、極限状態に追い込まれたときに分泌され、ポテトチップスなど脂肪+糖質の食べ物をとったときにも分泌されます。

アドレナリン――サバイバルには欠かせないホルモン

通常：戦闘ホルモン。危険な状況や強いストレスを感じたときに分泌され、人類が生き延びるために重要な役割を果たしてきました。分泌されると、呼吸が速まり、筋肉や脳の血流が増え、身体機能を向上させます。また、痛みや疲れを感じにくくする作用もあります。ただし、身体への負担が大きいため、分泌過剰になると興奮状態をリセットするために、食べることで緊張状態から脱しようする方向に作用します。

ドーパミン――やる気と快楽、生きる意欲をもたらす

通称：快楽ホルモン。感情や思考、心の機能に大きく関与し、やる気が出る、何かを手に入れたいという生きる意欲をもたらす、集中力が上がる、爽快感・達成感・感動などをもたらす、といった作用があります。ただ、お酒を飲んだり、揚げ物を

食べたりしたときにも分泌されるので要注意。ストレスが強すぎると、それを解消するために「もっともっと」とドーパミンを求めるようになります。

メラトニン――質の高い睡眠をもたらし、若返り効果も

通称：睡眠ホルモン、アンチエイジングホルモン。夜、暗くなると分泌され、寝る準備に欠かせない深部体温の低下をサポート。質の高い睡眠をもたらします。また、老化の原因となる活性酸素を除去する働きもあります。朝日を浴びると分泌が抑制されてセロトニンが分泌。その約14、15時間後にメラトニンとして分泌されます。

ノルアドレナリン――判断力・集中力・記憶力がアップ！

通称：やる気ホルモン。不安や恐怖を感じたときに分泌されます。脳の処理能力を高め、判断力・集中力・記憶力が向上。ドーパミンから生成され、ノルアドレナリンからはアドレナリンが生成されます。不足すると、やる気が低下し、うつ状態に。逆に分泌過剰になると、攻撃性、イライラ、パニック発作につながることも。ストレスがかかりすぎると、枯渇します。

脳内ホルモンを知ろう②

お腹は空いていないのに甘いものが食べたいのは脳のせい

甘いものを食べると、人はとても幸せな気持ちになるものです。そのしくみを簡単に説明すると、甘いものが口に入ると血糖値が上がり、幸せホルモンであるセロトニンが一時的に増えるためです。

ところがこの幸せは、残念なことに長続きしません。一瞬で泡のように消えてしまいます。すると、脳は再びあの幸福感を得ようと、甘いものが欲しくなります。いってしまえば、甘いものが食べたくなるのは、あなた自身の意志が弱いせいではなく、脳のせいなのです。

脳内にセロトニンが不足すると、慢性的なストレスや疲労、イライラ、やる気の

低下、協調性の欠如、不眠といった症状が現れます。食事の栄養バランスが悪いと、セロトニンをつくる栄養素が不足するため、分泌されにくくなり、結果、イライラや不安が心の中を渦巻きます。そこで人は甘いものを食べて、イライラを鎮めようとして、「お腹は空いていないのに甘いものが食べたい」という自然な欲求が生まれるのです。

甘いものを食べると血糖値が急上昇し、血糖値を下げるためにインスリンが分泌されます。インスリンは緊急時に備え、使われなかったブドウ糖を脂肪に変えて体内に溜め込みます。だから甘いものは太るのです。

脳内ホルモンを知ろう③

甘いものは脳内麻薬物質のもとになる！

甘いものを食べると、脳内麻薬ホルモンであるβエンドルフィンが分泌されます。麻薬と称されるくらいですから、幸福感や陶酔感、高揚感に包まれ、さらに「また食べたい」という強い中毒性があります。この幸福度は、なんとドーパミンの約20倍に相当するともいわれています。

しかもβエンドルフィンは、甘いものを見ただけでも、想像しただけでも分泌され、その影響で「食べたい」という欲求が強まります。すると今度は、オレキシンという脳内物質が放出されます。なんとこの物質は、食べ物を入れるために、胃を拡張し、胃の中にある先に入っていた食べ物をせっせと小腸に移動させます。それが「デザートは別腹」といわれる由縁《ゆえん》です。

♣食後のデザートを不要にするお米パワー

工藤式ダイエットでは、糖質制限はいっさいしてもらっていません。でも、今は世の中が低糖質ダイエット全盛ですから、食事でご飯の量を減らしている方も多いでしょう。しかし、実は逆効果です。お米の量を減らすと、糖質が不足し、身体はその分をデザートで補おうとします。エネルギー不足のままでは、倦怠感や疲れの原因になり、ひどい場合は頭痛を引き起こします。デザートはご飯と違って糖質だけでなく脂質も含まれますから、太る原因になります。

やせたいなら、お米をしっかり食べること。玄米を少し混ぜるのがおすすめです。食物繊維が多く、噛みごたえがあるので、満足感が得られます。ひと口ごとに箸をおいて、よく噛んで食べると満足感がかなりアップします。

脳内ホルモンを知ろう
④

口角を上げてチョコ2000個分の幸福感

自分の顔を鏡で見てみましょう。ストレスのため、眉間にシワがよっていませんか？　つまらなそうな顔をしていませんか？　イライラむしゃくしゃした顔をしていませんか？

そのような表情では、幸せはやってきません。人は幸福だから笑うのではない。笑うから幸福なのだ――といったのは、フランスの哲学者、アランでした。

実際、口角を上げるだけで、脳は「楽しい」と勘違いして、幸せホルモンであるセロトニンを分泌します。さらに、多幸感をもたらすβエンドルフィンが分泌されます。

βエンドルフィンは、ケガや病気などによる痛みや苦しさを強力に鎮静化します。その鎮静効果は、モルヒネの6倍以上あるともいわれています。

また、口角を上げる効果は、チョコレートの2000個分から得られる幸福感に匹敵するといわれています。

笑顔になって脳内で幸福感を得られると、不思議なことに腸内細菌のバランスが整い、免疫力がアップすることも分かってきています。腸が第2の脳といわれる所以です。

口角を上げることは、いつでも誰でもすぐ簡単にできるストレス解消法なのです。

脳内ホルモンを知ろう⑤

セロトニンを活性化する方法

幸せホルモンであるセロトニンの分泌を活性化する方法は、食べること以外にもいくつかあります。

1　毎日1回は外に出て日光を浴びる

1日15~30分を目安に、外で日光を浴びるとセロトニンの分泌が促進されます。

睡眠不足や昼夜逆転などの不規則な生活が続くとセロトニンの分泌量が低下し、太りやすくなります。米国スタンフォード大学が行った調査によると、8時間睡眠の人に比べて5時間睡眠の人は、空腹ホルモンであるグレリンの量が約15%多いことが分かりました。さらに食欲を抑える満腹ホルモンであるレプチンの量が約15%低いという結果でした。睡眠時間と食欲は深く関係しているのです。睡眠不足＝デブになる、と肝に銘じましょう。

2　映画やドラマなどを見て涙する

喜怒哀楽を表に出しましょう。我慢はストレスを溜め込みます。

3　セロトニンの分泌を高めるものを食べる（詳細はＰ１４６参照）

4　リズミカルな運動をする

もっと簡単なリズミカルな運動は、歩行です。歩き始めて5分ほどで、セロトニン濃度が高まり、20～30分でピークに達します。身体を動かすのが苦手な人におすすめなのは、ガムを噛むこと。あごを一定のリズムで動かすことでセロトニンが分泌され、食欲が抑えられます。20分間ガムを噛むことでセロトニンの分泌が活性化し、緊張・気分の落ち込みやうつなどが改善したという報告もあります。

脳内ホルモンを知ろう⑥

出汁《だし》で味覚センサーをリセット！

米国イエール大学の研究によると、脳が強く惹かれる栄養素の組み合わせがあるといいます。それが「脂質＋糖質」です。典型的な食べ物が、ポテトチップスです。この組み合わせは、快楽ホルモンであるドーパミンを大量に分泌させます。特に脂肪は、アルコールやタバコよりも、依存性が高いということも研究の結果から分かっています。

ポテトチップスをいったん食べ始めるとやめられなくなるのは、ドーパミンが分泌され、高揚感が手に入り、その高揚感がなくなると、また脂っこいものを脳が欲するからです。そして、どんどん依存性が高まっていくことになります。

しかも、ポテトチップスには、化学調味料による旨味も加えられているので、本能的に脳は「おいしい！」と感じ、ますます中毒になるのです。

ダイエット外来に来られる患者さんには「好物＝高カロリータイプ」の方がいます。このタイプに自分が当てはまるか、次の項目をチェックしてみましょう。

□コンビニをよく利用する
□ファストフードをよく利用する
□外食や出前が多い
□肉食が多い
□菓子パンをよく食べる
□麺類が好き
□脂っこいものが好き

1点：そんなことはない　2点：時々そういうことがある　3点：そういう傾向がある　4点：まったくその通り　4点が1つでもあれば、外来では「好物＝高カロリータイプ」と診断します。

♣揚げ物などの脂質依存を断ち切る「出汁」

ドーパミンは依存性が高く、摂取しないとイライラがつのり、快楽を求めて摂取量がますます増える悪循環を招きます。この悪循環が「デブ味覚」を育てます。デブ味覚とは、普段から濃い味つけや脂っこいものに舌が慣れて、味蕾《みらい》という味覚センサーが麻痺してしまった状態です。濃い味つけばかり食べていると、薄い味、さっぱりした味つけに物足りなさを感じてしまうのです。

「デブ味覚」を改善するなら、脂肪依存を修正する作用もある出汁がおすすめです。出汁には、うま味成分が豊富に含まれます。かつお節や煮干しに含まれるのは「イノシン酸」。食欲抑制や細胞の活性化、老化防止などの作用があります。

昆布からとれる「グルタミン酸」には、脳内でドーパミンに近い働きをします。

ホルモンの材料となるビタミンB群を豊富に含むので、脳内のホルモンバランスを調整してストレスを緩和します。食物繊維も含まれるので、満腹感があり、食べすぎを防止します。グルタミンには「脳を活性化」「脂肪の蓄積を抑える」「美肌」「血圧を下げる」など優れた効果もあります。

手軽に作れる
「やせる出汁」の作り方

かつお節粉:煮干し粉:昆布粉:粉抹茶=3：1：1：0.5

大さじ1杯を150～200mlのお湯に溶かして飲んでください。

緑茶には、アミノ酸系グルタミン酸の仲間「テアニン」を含みます。飲むとα波が出現し、脳がリラックスし、防燃焼効果も期待できます。もっと手抜きをするなら昆布茶だけでもOKです。

行動を改めよう①

ゆっくり食べて体脂肪を消費！

早食いの人は、ゆっくり食べる人よりも肥満が多い、という研究データがあります。東京工業大学リベラルアーツ研究教育院の林直亨教授らの研究報告によると、同じ食品を急いで食べたときに比べ、よく噛んで食べたときの方が食後のエネルギー消費量（食事誘発性熱産生＝ＤＩＴ）が高くなる、つまり太りにくくなるということです。ゆっくり食べることによって、咀嚼の回数が大幅に増えます。噛む回数が増えると、胃・小腸・大腸などの消化管への血流量が増え、その結果、ＤＩＴが高くなるといいます。

林教授によると「1回の食事の後に消費されるカロリーは小さいが、1年間積み

重ねれば、体脂肪1・5kg分を消費する計算」だということです。

この研究によると、食後3時間のエネルギー消費量は、急いで食べた場合、平均15キロカロリー。一方、ゆっくり食べた場合は30キロカロリー。加えて食事終了後に15分間ガムを噛むと、噛まない場合に比べ値は平均6～8キロカロリー増加しました。

ガムを噛むことは、幸せホルモン、セロトニンを増やすだけでなく、消化・吸収によるエネルギー消費量が増え、太りにくくなるというW効果があるのです。

行動を改めよう②

ジムで運動するより、日常生活でこまめに動こう！

ダイエット外来を受診される方には、「運動する時間がないからやせることができない」という言い訳をする方が多いです。でも、運動でやせるのは大変です。板チョコ1枚のカロリーを消費するのに、約1時間半のウォーキングが必要ですから。

逆に、ジムに行った週1日だけ体重が増えるという方も時々います。聞いてみると「たくさんジムで運動したら、終わったあとにご褒美にケーキを食べる」というのが原因でした。

やせるためにお金をかけずにすぐできることは、日常生活でテキパキ動くこと。それがＮＥＡＴ（非運動性活動熱産生）です。例えば通勤や掃除、洗濯、料理、買い

物、ゴミ出しなど。肥満の人ほど座っている時間が長いという研究結果も出ています。テキパキ動くだけで、ダラダラ過ごすときに比べ、ショートケーキ１個分のエネルギーを消費するという報告もあるほどです。ジョギングでいえば、約１時間にも相当します。日常生活のこれらの行動は、やせる効果とともに、悩みの負のループを断ち切るという二次的な効用もあります。

ネガティブ思考が、身体を動かすための新たな思考によって追い出されるためです。「今日１日のやることリスト」を書くのもおすすめです。

行動を改めよう③

睡眠時間5時間以下は太る！

睡眠不足は、体重増加をもたらす要因の1つと考えられています。睡眠時間が短い人の方が、食欲が湧く空腹ホルモン、グレリンの分泌量が増えることが分かっています。

その一方で、食欲を抑える満腹ホルモン、レプチンの量が少なくなることも報告されています。これは睡眠時間が少ないと、脳が「活動時間が長いのだから、たくさん食べる必要がある」と判断し、たくさん食べようとするせいだと考えられています。みなさんは、次のような症状はありませんか？

- 些細なことでイライラする

- ドカ食いする
- ストレスを感じやすい
- 疲れがとれない
- 集中力が続かない

これらの症状は、放っておくと、生活習慣病やうつ病の原因にもなるので注意が必要です。よく寝ることで、食欲をコントロールするホルモンが適切に分泌され、ドカ食いを防ぎ、エネルギー代謝を促進するホルモンが働き、太りにくくなります。

理想の睡眠時間は、1日7時間以上。夜眠れない人は、午後の2～3時にパワーナップ（仮眠）を取りましょう。集中力・記憶力・パフォーマンスアップのため、積極的に取り入れている企業もあります。ついでに睡眠の質を上げる方法も紹介します。

- 夜はスマホを閉じ、睡眠ホルモン・メラトニンを抑制するブルーライトをカット
- 朝1杯の牛乳をとる
- 胎児の姿勢と同じ横向きで寝ると、呼吸が楽になり、安心感が得られる

行動を改めよう④

HSPさんにおすすめ！ネガティブ思考断ち切り行動

マイナス感情を断ち切る方法をいくつか紹介しましょう。

1 悩みを吹き飛ばすなら30分のちょいキツ運動

30分間の運動で、精神の安定に深くかかわる幸せホルモン、セロトニンが分泌されます。その効果は、抗うつ剤1錠に匹敵するとも言われています。ただし、運動にとらわれすぎると逆にストレスになので、NEAT（P136参照）でもOKです。

2 運動が無理なら20秒間のスキップ

座りっぱなしは健康にも精神にもよくありません。肥満の人ほど座っている時間が長く、NEATの割合が少ない傾向にあり、老化を早めるともいわれています。

20秒間のスキップで全身の血流が一気に促進。効率的に血行をよくします。

3　気分がざわざわしてきたら10秒間の呼吸瞑想

いつでもどこでもできるマインドフルネス瞑想（P33参照）です。目をつむり、「今、ここ」にいる自分の身体に意識を集中します。頭、眉毛、目、肩とスキャニングしていき、「肩に力が入っているな」「呼吸が浅い」「喉が乾いている」など、自分の身体に違和感や重さを感じる場所がないか、意識するだけでＯＫです。

4　青いものを身のまわりに置く

青は、セロトニンを分泌させ、目の前のことに集中させる効果があるといわれています。食欲を抑える効果もあるので一石二鳥です。

5　思考がぐるぐる堂々めぐりしたら左手歯磨き

左手を意識的に使うと、短時間で右脳が活性化することができます。プロスポーツ選手も練習に取り入れているほどです。悩みなど頭の中を堂々巡りし始めたら、気分を変えて、左手で歯磨きをしてみましょう。

行動を改めよう⑤

好きなことリストを書こう！

ダイエットに効果的なのは「好きなことリスト」を書き出すことです。このリスト作成は、気分が落ち込んでいる方やうつ傾向がある方など、心身症の患者さんに効果がある治療法として広く活用されています。その効能は、頭の中から悩みを追い出し、マイナス感情にぐるぐる支配されている負のループを断ち切る作用。ストレスを溜めない作用もあります。

嫌なことを考えるのではなく、自分の好きなことを考えることで、だんだん気持ちが明るく前向きになっていきます。そして、手を使って好きなことリストを書いているうちに、高揚感ややる気もじわじわと湧き上がってきます。ぜひ、一度試し

てみましょう。
「好きなことリスト」を書き出すことによって、生きる意欲をもたらす「ドーパミン」が分泌されます。また、書くことによって悩みを整理することもできます。書くこと自体がストレスを発散させるのです。
心療内科でよく行われている治療法は、不安を強く持つ傾向のある方は、不安になるたびに、紙に書いて、破る。これを繰り返す療法です。ポイントは、「太いペンで、勢いよく書く！」「書き終わった紙を破り捨てる！」です。書くことには、大きなストレス発散効果があるのです。

行動を改めよう⑥

頑張っている自分にご褒美を贈るなら午後2時のケーキ

甘いものを食べると、脳が幸せになります。みなさんはいつも頑張っているのですから、ぜひ自分にご褒美をあげてください。ただし、食べるなら太りにくい時間帯、午後2時から4時の「おやつの時間」を利用しましょう。理由は、身体の脂肪を溜め込む力がもっとも弱まる時間帯だからです。

その正体が時計遺伝子の1つが作るがB-MAL1（ビーマルワン）というタンパク質です。B-MAL1は、脂肪の合成を促し、脂肪細胞の分化を促進して新たな脂肪細胞を作り出す働きがあります。この数字が低ければ脂肪が分解されにくく、高ければ食べたものを分解して脂肪になりやすいことを表します（左グラフ参照）。

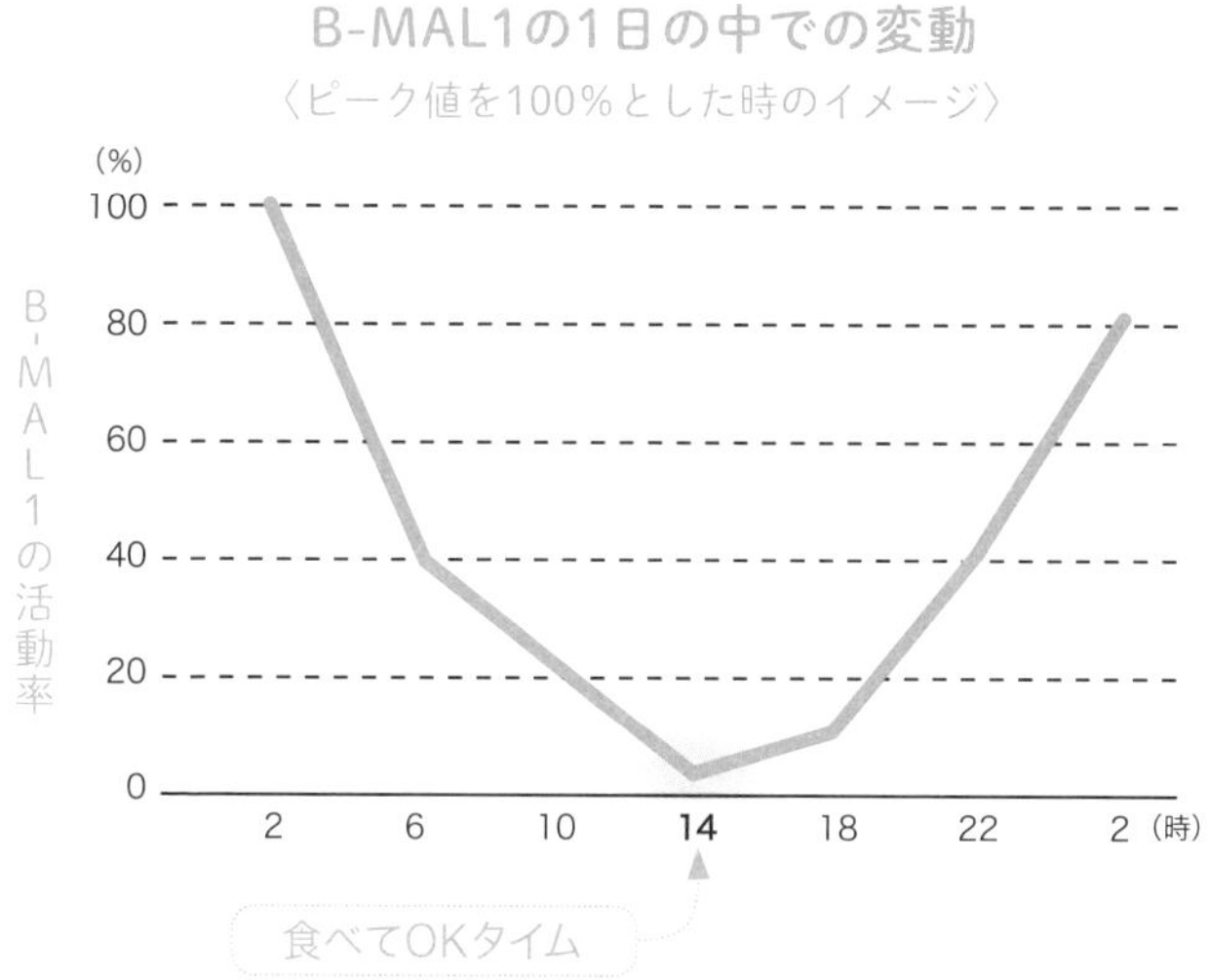

時間栄養学の研究から、前ページで説明したＢ－ＭＡＬ１は、午後２時前後にもっとも少なくなり、深夜２時にピークを迎えます。つまり、午後２時前後に食べるのが、もっとも太りにくいということです。

もっとも少ない時間帯に比べ、ピーク時の量はなんと80倍！　日中の80倍、太りやすいということです。

私の患者さんには、毎年楽しみにしているクリスマスケーキも「食べるのは午後２時」と決めてらっしゃる方もいるほどです。「この時間に食べるケーキは、精神的に自己嫌悪に陥りにくい」とおっしゃっています。

食べ物を見直そう①

セロトニンを増やす食べ物で幸福感アップ！

幸せホルモンであるセロトニンは、気分や感情をコントロールして心の安定を保つ脳内ホルモンです。人間は緊張すると、脳内でセロトニンを分泌して、自律神経のバランスを整えようとします。

特に女性は、月経周期によって女性ホルモンのエストロゲンが減少すると、セロトニンも不足してきます。セロトニンは過食を防ぐ効果もありますから、セロトニン分泌が低下すると、暴飲暴食に走りがちです。

セロトニンを増やすには、セロトニンの材料になるトリプトファンを食べ物からとることです。体内では生成できないので、食事からとるのがベストです。トリプトファンを多く含む食材を次に紹介します。

- 赤身肉、豚ロース、鶏むね肉
- 魚（かつお、鮭）
- 大豆食品（納豆、豆腐、みそ、しょうゆ）
- 卵
- 乳製製品（牛乳、ヨーグルト、チーズ）
- ナッツ
- バナナ
- ブロッコリー、カリフラワー

朝食でとったトリプトファンは、14～16時間後にはセロトニンから睡眠ホルモン、メラトニンへ変換され、睡眠の質を高めます。ぐっすり眠れるようになれば、朝もスッキリ目覚めるようになり、好循環！　１日のパフォーマンスが上がります。

食べ物を見直そう②

バナナとおからヨーグルト

前項でも触れましたが、朝は、手軽に食べられるバナナがおすすめです。消化されやすいため、効率よくエネルギーをチャージでき、忙しい朝にはぴったりです。

バナナはミネラルが豊富で、腹持ちもよく、食物繊維が豊富なため、便秘を解消する作用もあります。さらに、ＨＳＰさんにとって嬉しいことに、ドーパミンを増やす働きがあるビタミンＢ群を多く含みます。ドーパミンは、感情や思考、心の機能に大きく関与し、Ｐ１２０で挙げたような効果があります。

また、バナナはＧＩ値が55と大変低く、血糖値の上昇が緩やかなので太りにくい果物です。ＧＩ値とは、食後血糖値の上昇を示す指標で、グリセミック・インデックス（Glycemic Index）の略です。食品に含まれる糖質の吸収度合いを示し、GI値が低いものほど、食後の血糖値の上昇が緩やかで、太りにくいのです。しかも、トリプトファンを含み、幸せホルモンであるセロトニンの材料に、夜には分泌量が増えて睡眠ホルモンであるメラトニンの材料にもなります。

バナナにヨーグルトをプラスすると、良質なタンパク質がとれるため、より腹持ちがよくなり、間食がやめられたり、昼食の食べすぎを防止するメリットもあります。ヨーグルトにはセロトニンを増やす効果もあるのです。

さらにこれに満腹感を加えるなら「おから」。食物繊維が豊富な「おからパウダー」は水分を吸うと5倍にふくらみます。おからパウダー大さじ2を、大さじ8のヨーグルトに混ぜる「おからヨーグルト」は、私の患者さんも皆さん、大変効果があると言ってくださいます。これにヨーグルトを足せば最強でしょう。

食べ物を見直そう③

お腹が空いて眠れないときはホットミルク

みなさんは、夜、お腹が空いて眠れないということはないでしょうか。また、夜になると無性に不安を感じることはないでしょうか。

実は、夜、小腹が空いたり不安を感じたりするのは、人間の本能的な記憶のせいともいわれています。太古の昔は、夜間は天敵に襲われる可能性が高かったため、脳が本能的にストレスを感じてしまうのだそうです。副交感神経を優位にしてリラックスするため、私たちは「食べる」という行為でバランスを保とうとします。

しかし、すでにお話ししたように、夜10時以降から深夜2時ごろは、時計遺伝子B-MAL1の活性度が午後2時に比べ80倍。この時間の食事はダイエット中には厳禁

です。ではどうしたらいいのでしょうか。
おすすめなのは、ホットミルク。牛乳には鎮痛や鎮静作用のあるセロトニンの原料となるトリプトファンが含まれます。イライラを鎮めるカルシウムも豊富ですから、気分がリラックスします。
また、ぬるめの白湯にもリラックス効果があります。温かい飲み物は、内臓から体温上昇を促します。上がった体温が下がり始めるときに、自然な眠気がだんだん起きてくるので、睡眠前のリズムをつくるのにおすすめです。入浴も同じ原理ですから、寝る１時間前に入るのが理想です。

食べ物を見直そう④

ランチで迷ったら「たらこパスタ」

たらことトッピングの海苔、パルメザンチーズには亜鉛が含まれます。亜鉛は、たんぱく質の合成や細胞や髪の成長には欠かせない微量ミネラルです。亜鉛が不足すると、皮膚炎、味覚障害、食欲不振、慢性下痢、脱毛・免疫機能障害、神経感覚障害、認知機能障害などが生じます。

さらに亜鉛は、脳内物質を合成するために不可欠な栄養素。やる気をもたらすドーパミン、幸せホルモンのセロトニン、脳の働きを活性化するノルアドレナリンなど。粉チーズをたっぷりかけた「たらこパスタ」を食べることで、これらの脳内物質の合成が促されるので、ＨＳＰさんにはぴったりのお昼ごはんなのです。

ほかに亜鉛を含む食材としては、牡蠣、ココア、抹茶、ハードタイプのチーズ、きなこ、切り干し大根、全粒粉のパンなど。加工食品に多く含まれる食品添加物は、亜鉛の吸収を阻害し、亜鉛欠乏を招く場合もあります。

特に亜鉛は、細胞の生まれ変わりが活発なところで必要とされます。味覚センサーである舌の上にある味蕾は、常に生まれ変わっています。「食べた気がしない」「味がよく分からない」という方は、ぜひ、亜鉛を積極的にとりましょう。舌がリセットされ、正常な状態に戻っていきます。10日もあれば正常化します。ぜひ試してみましょう。

食べ物を見直そう⑤

疲れやすいHSPさんにおすすめのスーパー食材

物事を深く考え、刺激への高い感受性を持ち、感情面で他者への共感力が高いHSPさんは、日々、メンタル的にも肉体的にも疲労を感じやすくなっています。そんな方にぴったりのスーパー食材が鶏むね肉です。

鶏むね肉の特徴は、「低脂質&低カロリー」「高タンパク」「イミダペプチド」の3つです。イミダペプチドは、渡り鳥が長距離飛び続けるメカニズムの研究から判明した抗疲労物質です。疲労回復効果と抗酸化作用（細胞の損傷や活性酸素を抑える）という2つの作用があります。

抗酸化作用という点ではポリフェノールもよく知られています。でもイミダペプチドは、体内でいったんアミノ酸に分解された後、消費されないまま脳まで到達して、自律神経の中枢で再びイミダペプチドに合成され作用してくれるのです。これによって、より長時間にわたって疲労回復効果を発揮してくれます。

これまでダイエット外来で患者さんを見ていると、やみくもに食事制限をして失敗している方がたくさんいらっしゃいました。特にタンパク質不足は筋肉量を低下させ、基礎代謝が下がり太りやすくなります。でも、鶏むね肉１００gをプラスした夕食があれば、翌日に疲れを持ち込みません。

さらに抗疲労効果を高めるのがレモンです。イミダペプチドはレモンのクエン酸と合わさることで効果がさらにアップします。１日レモン２個分のクエン酸（２７００mg）をとるのがおすすめです。

レモンをとる際の注意事項は「午後3時以降に摂取」。レモンに含まれるソラレンという物質はメラニン色素を生成する働きがあるので、朝からレモンだと外出時にシミができやすくなります。紫外線が少なくなる午後3時以降がおすすめです。

食べ物を見直そう⑥

デザートならGI値の低いさつま芋がおすすめ

甘みがあり満足感も得られ、腹持ちもよく、食べた後の血糖値の上昇がゆるやかで、太りにくい食べ物は何でしょうか。先ほど朝食の項目で挙げたバナナ以外では、さつま芋です。焼き芋、芋ようかん、スイートポテト、何でもＯＫです。さつま芋は、同じ炭水化物である白米のＧＩ値84に比べ、その約半分の44しかないのです。

♣甘いのに太りにくい食べ物

果物を丸々１つ食べるのもおすすめです。果物の甘さは「果糖」ですから、血糖値を上げにくい食べ物です。特に、甘さがしっかりあってＧＩ値が低い食べ物は、イチゴ。数値は40です。そして、ブルーベリーが53。コンビニの冷凍食品の棚で売られているので、手軽で便利です。ヨーグルトを組み合わせれば、タンパク質も同時にとれるのでおすすめです。ちなみに、スイカは72、パイナップルは66ですから、避けた方がいいでしょう。

どうしてもお菓子が食べたい！　というときは、カカオ70％以上のビターチョコレートをひとかけ。脳の活性化や便通と血行の促進など、さまざまな効用がありま す。そして、食べるなら太りにくい朝10時から午後2時までの間で。ＢＭＡＬ1の時計遺伝子の作用によって脂肪がつきにくい時間帯です。

食べ物を
見直そう
⑦

漢方も上手に取り入れよう！

私のダイエット外来では漢方薬を処方しています。ＨＳＰさんのダイエットの大敵である「ストレスを解消」し、「不安の改善」が期待できる漢方が多数存在します。漢方とは、古代中国に伝わる中医学を日本独自にアレンジしたもの。日本人の身体に合っているといえるものです。不調部分を治す、というよりも、「身体全体の体調を整える」という考え方です。

薬効を持つ植物や鉱物などを使った天然由来の生薬を複数組み合わせたもので、身近なものでは、生姜、山椒などが挙げられます。第１章の対談でも一部登場しましたが、ここでは代表的なものをまとめました。

☞ 抑肝散（よくかんさん）

神経の高ぶりを鎮める。ストレスを緩和し、自律神経を安定させる。体力は普通で、すぐに怒りやすい人、イライラして眠れない人に処方。

☞ 加味逍遥散（かみしょうようさん）

不眠、イライラ、不安、のぼせ、耳鳴り、頭痛、肩こり、手足の冷え、動悸、月経前症候群（PMS）にも処方。交感神経が興奮したことによるイライラを鎮める。

☞ 防風通聖散（ぼうふうつうしょうさん）

身体の熱を冷まし、病因を発散。身体の水分循環を改善し、便通に作用も。体力のある太鼓腹の肥満タイプで、むくみ、のぼせ、肩こり、便秘がちの人に処方。

☞ 人参養栄湯（にんじんようえいとう）

消化器の働きを高めて、栄養をすみずみに行き渡らせ、「気」「血」の両方を補う万能の漢方薬。精神不安、不眠、呼吸困難、慢性的な疲れを緩和。

☞ 大柴胡湯（だいさいことう）

ストレスによるエネルギーの停滞を改善し、代謝をよくする。体格がよく、体力がある人向け。疲労感があり、不安・便秘傾向の人に処方。

☞ 防已黄耆湯（ぼういおうぎとう）

身体にエネルギーを巡らせ、溜まった熱を冷やし、体調を整える。体力がなく、疲れやすい、不眠症など、中高年の女性に多い症状に効果的。

ダイエット成功！

体験談 1

約2年で30kg以上の減量。夜もぐっすり眠れるように！

K・Mさん（52）身長147.1cm

（体重）

97kg

▼

68kg

（ウエスト）

103cm

▼

63cm

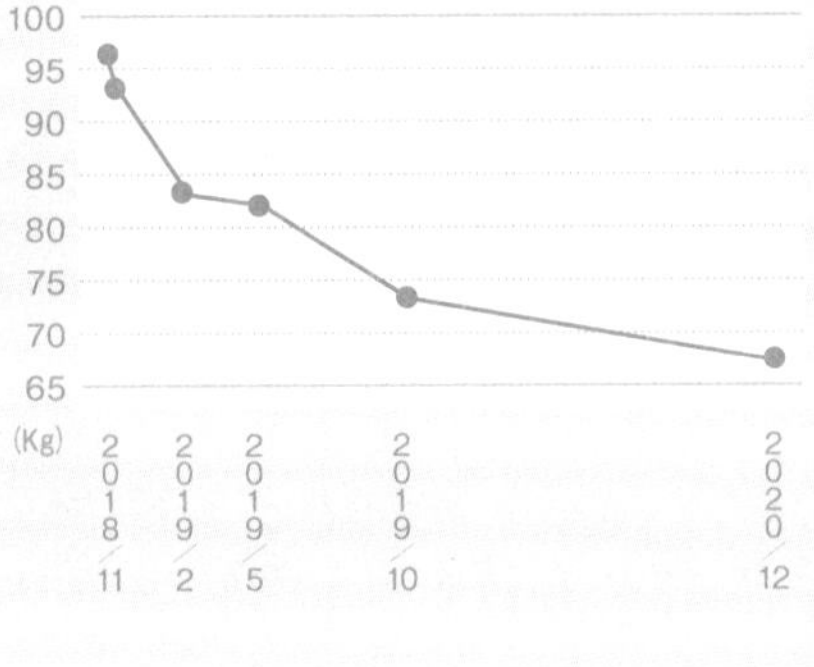

週１回の通院を続け、半年で約14kg減を実現

子どものころから「私はどこかみんなと違う」と感じていました。ＨＳＰのことを知り、自分もきっとそうに違いないと思いました。掃除を始めると止まらなくなったり、音や人の声、グループ行動、電話など、苦手なものがたくさんあります。人と会話していると、言葉の裏の裏まで深読みしてしまい、精神的にすごく疲れます。

また、仕事で分からないことがあっても、人に聞くことが苦手です。自分で調べてなんとかしようとして余計に疲れてしまいます。集まりなどで、人の話し声や笑い声で気分が悪くなることも多かったですし、仕事中に外線の電話をかけるのが怖くて言葉が出なくなってしまいます。ちょっとしたことで動悸が激しくなり、体調が悪くても休みを代わってほしいと言い出せませんでした。

ＨＳＰ的傾向が強くなったのは、うつ気味の母の存在もあると思います。感情の起伏が激しく、すぐに怒り出すので、子どものころから振りまわされてきました。

そのせいもあり、私はずっと自分に自信を持てずに生きてきました。さらに家では100歳の祖母を1人で介護しており、溜まったさまざまなストレスを、食べることで紛らわせていました。ところが、食べると余計に自己嫌悪になり、それを紛らわすためにまた食べ、体重はますます増え、腰痛にも悩まされるようになりました。脊椎専門の外来を受診すると、医師からは手術するしか方法はない、といわれました。

当時は老人保健施設で介護の仕事をしており、シフトは昼夜を問わず入るので慢性的な睡眠不足で、そこに母親の存在、祖母の介護、腰痛、入院、手術の可能性……と、いろいろなことが押し寄せて、パニック状態でした。

あと少しで100kg、という恐怖の中、たまたまテレビで工藤先生のことを拝見し、駆け込むようにダイエット外来を受診しました。それが3年前です。通院をきっかけに13年勤めた仕事をやめ、半年ですぐに14kg減。現在にいたるまでの3年間でマイナス30kgのダイエットに成功し、腰痛の手術も受けずに済みました。

体重減の停滞時、「出汁」を飲んだら、あっという間に10kg減！

私はＨＳＰ気質のせいなのか、人から何かを言われると身体も心もギュッと固く縮こまってしまいます。ところが工藤先生には自分の思いをスムーズに吐き出せ、先生の話も不思議なくらい素直に聞くことができました。変わる大きなきっかけになった1つが「呼吸瞑想」です。イライラしてきたなと感じたら、目をつぶって深呼吸をする。実践してみると、イライラが収まり、それまで気にしていたことがちっぽけなことに思えるようになりました。ＨＳＰ気質の方はぜひ試してほしいです。

そして先生からの食事についてのアドバイスは1つ。「お腹が空いたら食べる。空いていなかったら食べない」、これだけです。それまでは時間がきたら食べるのが当たり前だと思っていて、「やせるためには3食規則正しく食べる」という私の常識は打ち砕かれ、目からウロコが落ちる思いでした。

だんだん意識に変化が現れ、「今、お腹が空いている？」と自分としっかり向き合う時間が取れるようなりました。するとどうでしょう。それまでどんなに頑張ってもやせなかった私が、みるみる体重が減り始めたのです。いちばん驚いたのは私自身です。ストレスを食べること以外で解消する行動が身についたのです。

先生から朝日を浴びるといろいろな効果がある、と教えていただいたので、祖母を車椅子にのせ、母も連れ出して1時間ほど散歩しています。イライラしてきたら、少しの間外を歩くだけで、全く気分が変わることも分かりました。それから睡眠不足は本当にダイエットの敵です。先生のおっしゃる通り「睡眠は7時間」を厳守するようになったら、気持ちが前向きになり、自己嫌悪することがなくなりました。

おかげでリバウンドは一切なく、順調に減量が進んでいます。そして、停滞したときに劇的に効果があったのが、漢方と出汁、好きなことリストです。特に出汁生活を始めたら、それまで大好きだったハンバーガーや、ミカンの甘さまで、濃すぎて食べられなくなりました。

最近もまた体重が停滞ぎみだったのですが、面白いことに今回のダイエット成功者の体験談アンケートを書いたら、さらに体重が減ったことには驚きました。書き始めたら止まらなくなり、溜まっていた自分の思いを吐き出したのがよかったのかもしれません。普段は思っていることの半分も言えない自分がいます。だから書くことって、本当にダイエットに効果があるのだ、と実感しました。

「書く」ことは「自分の見える化」やストレス解消にもなり大変有効です

HSPの人は些細なことでも悩みあれこれ深く考えて、ストレスを抱え込んでしまいます。そんなときは呼吸瞑想を行うと、脳内を一度リセットすることができます。呼吸に集中し、瞑想することで、脳内を行き交っている思考が短時間でもストップすると、それまで気になっていたことが些細なことだったと思えるようです。

また、この患者さんはご自身が内に秘めている思いを吐き出すことがストレス解消に一役買ったようです。なかなか人に話すのが難しい方は、その都度日記等に書き起こしてみるのもおすすめです。

ダイエット成功！

体験談 2

どんなに頑張ってもやせなかった私が1か月半で8kg減！

H・Hさん（55）身長160cm

（体重）
78kg
▼
55kg

（ウエスト）
85cm
▼
62cm

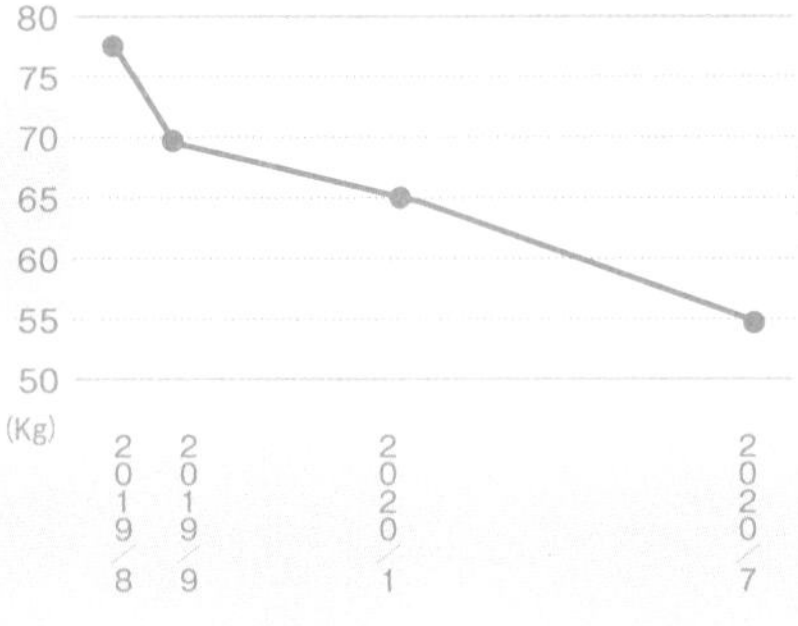

私は、誰に対してもいい顔をしがちで、「嫌だ」と言えないＨＳＰ傾向のある性格にずっと自己嫌悪を感じていました。職場では相手の考えを先読みして行動するので、上司からは「使える部下」として重宝がられましたが、同僚からは妬まれ反感を買いがちでした。きつい言葉をぶつけられても、自分さえ我慢すればいい、とストレスを溜め込むばかり。その結果、「こんなに耐えているんだから、スイーツくらい食べて当然」という感覚で、体重が年々増加していました。

本に書かれていたアドバイスを実行しただけで減量

工藤先生のダイエット外来を受診したのは、２０１9年8月の健康診断時、「これはまずい」と身の凍るような数値が出たからです。血糖値が異常に高く、すでに糖尿病予備軍。このままの体重では危険だ、と医師に告げられました。いとこが糖尿病の治療中で、インスリン注射や人工透析など、闘病の過酷さは知っており、あわてて工藤内科へ駆け込みました。

ところがあいにく先生は留守で、受付で「2週間後の予約日まで、体重を1日4回測ってきてください」と、「体重グラフ日記」の用紙を手渡されました。そのまま書店へ直行して先生の著書を買い、「出汁」「緑茶コーヒー」「おからヨーグルト」「NEAT」など、すぐできることを実行しました。そして2週間後、「体重グラフ日記」を先生に渡すと、「すごいじゃないですか！　体重がすでに下降していますよ」と褒められました。これまであらゆるダイエットに挫折してきたのに、先生の本の通りにしただけで体重が落ちたのです。食事制限などよりも、日々の小さな行動の積み重ねや意識改革が大事だということを、身をもって知りました。

主人もダイエットに成功、洋服が4Lから普通サイズのMに！

78kgあった私の体重は、するすると減り始め、1か月半であっという間にマイナス8キロ。7か月半でマイナス20kg。そして、1年半でマイナス23kgまで減りました。現在は55kgという理想体重を維持し、リバウンドすることなく毎日を送っています。

体重が減ったことによって、大きく変化したことがいくつかあります。まず健康診断の数値です。E判定だったのが全てA判定になりました。それから、それまでの「家に帰ったらスナック菓子をつまんでビールを飲む」という習慣がなくなったこと。今は「緑茶コーヒー」か「出汁」を1杯飲んで、ほっとひと息つき、心が落ち着いてから夕飯を作り始めます。ストレスを「食べること」ではなく、「気持ちを切り替えること」で上手に解消できるようになりました。

そして「スイーツを食べて当たり前」という自己憐憫《れんびん》もいっさいなくなりました。以前は、週に数回はコンビニでシュークリームを買い、「可哀想な自分を癒やして」いたのです。今振り返ると、笑ってしまいますし、今ではシュークリームが甘すぎて食べられません。「出汁」のおかげで舌が完全にリセットされたのでしょう。むしょうに食べたくてたまらないという強い欲求もありません。睡眠の質も向上し、よく眠れるようになりました。

職場では、相変わらず人に気を使いすぎてストレスも大きいのですが、それまでの「自分が我慢すればいい」という考え方から、少しずつ言いたいことが言えるように変わってきました。やせたことで自分に自信が持てるようになったことが、きっかけになったのかもしれません。以前はゴミ出しや町内のゴミ拾いなど、外出が本当に苦手でしたが、今では人に会うのも怖くありません。23kgといえば、10kgの米袋2つ以上を背負っていたことになります。それがなくなり、階段の上り下りがラクになり、身体をスイスイ動かせるようになったので、よりやせやすいサイクルに突入していきました。

最後に、ちょっと悔しくもあり嬉しいことをお話しします。なんと主人もダイエットに成功し、洋服が4LからMにサイズダウンしたのです。私が8kg減ったころに、「あれ？　やせた？」とようやく私の変化に気づき、「じゃあ、オレもやってみようかな？」と気楽なノリでダイエットを始めたのです。もちろん主人はダイエット外来を受診していなく、ただ私の真似をして「出汁」「緑茶コーヒー」「おからヨーグルト」「ＮＥＡＴ」を取り入れただけ。だから「棚ぼたダイエット」と揶揄しています。

ダイエット成功が自信となりＨＳＰ傾向の改善にもつながった好例です

　この患者さんは最初に私の書籍に載っているダイエット法を実践することで、スタートダッシュを切ることができました。私のダイエット法は誰でも無理なく実践できるのが最大の強みです。

　体重をグラフ日記で記録していくと、ダイエットの手応えをご自身で実感することができます。その手応えが結果として自信にもつながるのです。この患者さんはその自信をしっかり感じることができたのでポジティブになることができ、前向きに変化していったようで、とても嬉しく思います。

おわりに

ＨＳＰに関する理解を深め、繊細すぎる自分自身を認めて、受け容れる。そして、今よりも楽に生きることができるようになり、ダイエットにも成功する——本書はそうした欲張りなテーマのもと、私と工藤孝文先生との共著という形でお話を進めてきました。

本書を手にとっていただいたみなさんは、何を感じ、どのような気づきや成果を得られたでしょうか。

心理学では、水は人間の無意識や母なるものの象徴に例えられることがあります。

私の個人的な志向は、地上に建物を作るよりは、地下にもぐって地質や地層を調べるという、時間を過去にさかのぼって根っこを掘ることにあります。

一方で専門分野は違いますが、工藤先生のアプローチはどちらかといえば未来志向。過去はどうかと振り返るよりも、これからどう生きていくか、どうなりたいか。そのためのひとつの目標として、ダイエットを成功させて理想の自分になることにフォーカスされていると感じます。

それは心理学でいえば、ユング的なアプローチとアドラー的なアプローチの違いともいえるかもしれません。

もちろん、過去と未来のどちらにフォーカスするのが正しいのか、ということではありません。過去から現在、未来という時間軸を生きている私たち人間にとって、自分の内面を深く知り、よりよく生きていくためには、どちらも必要で大切なプロセスです。

そういった意味でも、今回、工藤先生と深くお話をしながら本書の制作を進めていく過程はとても刺激的で、私自身もさまざまな気づきを得ることができたと感じています。

今、時代は、世界は大きく揺れ動いています。これまで当たり前だった価値観がどんどん古くなっていき、壊れてきています。同時に、新しい価値観が次々と生まれ始めています。

ＣＯＶＩＤ-19（新型コロナウイルス）感染症の世界的な拡大も、そうしたパラダイムシフト（劇的な変化）の大きなトリガー、きっかけの１つとなっていくでしょう。そして、私たち一人ひとりの価値観や生き方もこれから大きく変わっていくでしょう。

そんな時代だからこそ、ＨＳＰについての理解を深めることで、抑圧し縛られているから自分は苦しいのだということ、そしてこれからの時代はもっと自由に、自分の思うように生きていいのだということを、ぜひみなさんに気づいていただきたいと思っています。

由という漢字には、「よりどころ」「いわれ」「わけ」などの意味があります。自由というのは、すなわち自分のよりどころ、自分が存在している理由であり、それが分かることで初めて人は自由に生きることができるのだと思います。

本書が、読者のみなさんの人生に変化を起こし、自分らしく生きていくことができるように、そして理想の自分に近づいていくための手助けとなることを願っています。

2021年3月　長沼睦雄

長沼睦雄　十勝むつみのクリニック院長

北海道大学医学部卒業。精神科医。2000年よりHSP臨床に関わっている。脳外科、神経内科、児童精神科、精神科などの診療を経て、2016年に帯広にクリニックを開業。HSP／HSC、神経発達症、発達性トラウマなどの診療を行う。『「敏感すぎる自分」を好きになれる本（青春出版社）』など、著書多数。

工藤孝文　みやま市工藤内科 院長

福岡大学医学部卒業。ダイエット外来・漢方治療・糖尿病内科を専門とする。ダイエットNHK「ガッテン！」「あさイチ」、日本テレビ「世界一受けたい授業」、テレビ東京「主治医が見つかる診療所」他、テレビ出演多数。『ダイエット外来医が教える リバウンドしない血糖値の下げ方（笠倉出版社）』など、著書は50冊以上。

ダイエットが上手くいかないのは、あなたのせいじゃない

—HSPや繊細な人たちのための「脳からやせる」ダイエット—

2021年4月23日初版発行

発　行　人　　笠倉伸夫
編　集　人　　新居美由紀
発　行　所　　株式会社笠倉出版社
〒110-8625 東京都台東区東上野2-8-7 笠倉ビル
営　　　業　　TEL 0120-984-164
編　　　集　　TEL 0120-679-315

印刷・製本　　株式会社光邦

ISBN　978-4-7730-6123-9

編　　集：株式会社ピーアールハウス（林陽子、志鎌和真、川島大雅、藤井明梨）
協　　力：廣瀬智一、脇谷美佳子
デザイン：株式会社ピーアールハウス
イラスト：福田玲子